수학이 힘든
아이와 엄마를 위한
명쾌한 처방전

강쌤의
수학 상담소

수학이 힘든 아이와 엄마를 위한 명쾌한 처방전

강쌤의
수 학
상담소

강미선 지음

휴먼H에듀

수포자, 내 아이는 예외일까요?

"아이가 이제 초등학생이 되었는데 앞으로 수학을 어떻게 공부하면
좋을까요?"   (초1 부모)

"아이가 수학에 흥미가 없는 것 같은데 어떻게 하면 재미있게 공부할
수 있을까요?"   (초2 부모)

"지금까지는 잘했는데 분수와 나눗셈을 특히 싫어해요."   (초4 부모)

"초등 때 열심히 수학 선행을 시켰는데, 정작 중학생이 되니 자기 학
년 성적이 잘 안 나와서 걱정이에요."   (중1 부모)

방학 때 어떤 수학 문제집을 풀리는 게 좋을지를 물어보는 내용부
터, 아이가 수학을 좋아하는데 어떻게 지도해야 하며 과연 수학에 소
질이 있는 것인지 묻고 싶다는 고민까지…. 6세부터 고등학생까지
아이를 둔 학부모들의 수학 공부에 대한 고민은 참으로 다양합니다.

처음 수학 상담소를 시작한 계기는 논문에 필요한 실제 사례와 자
료를 얻기 위한 개인적 이유에서였습니다. 수학 상담에 참여할 학부
모와 학생을 온라인으로 모집했는데, 어쩌면 무모한 시도였음에도
깜짝 놀랄 만큼 많은 분이 신청을 해 왔습니다.

수학 상담은 아이와 학부모 모두 진행했는데, 먼저 부모를 만나 상담을 신청한 이유와 아이의 수학 학습과 관련된 전반적인 이야기를 들은 뒤 아이를 만났습니다. 아이와 이야기를 나누고 나서는 다시 부모를 만나 상담을 진행했습니다. 수학 상담을 신청한 학부모들은 아빠보다는 엄마가 압도적으로 많았습니다.

한 초등학교 6학년 여학생을 상담하면서 당황스러움을 감출 수 없었습니다.

"우리 엄마는 마녀예요."

아이 입에서 '마녀'라는 말이 튀어나온 것입니다. 아이를 만나고 나서 진행된 부모와의 상담에서 차마 저는 아이가 이렇게 말했다고 전할 수 없었습니다. 아이는 자신이 여러 개의 학원에 다니는 이유가 '되도록 집에 늦게 들어가기 위해서'라고 했습니다. 아이를 만나기 전 엄마와의 상담에서 들었던 '워낙 공부를 좋아해서'라는 이유와 전혀 달랐던 것입니다.

집에 들어가면 거실에 큰 책상이 있는데, 거기서 엄마는 책을 읽거나 뜨개질을 하고 자신은 그 옆에서 공부를 한다는 아이. 아이는 그런 상황이 끔찍하게 싫다며 몸을 떨고 울었습니다. 하지만 그 아이를 만나기 전에 먼저 만난 엄마는 "아이와 저는 친구처럼 가까워요. 아이는 매일 학교에서 무슨 일이 있었는지 제게 이야기를 해 주고, 우리는 많은 대화를 나눠요."라고 했습니다. 실제로 아이와 자신이 나누는 소소한 대화 내용을 알려 주기도 했습니다. 그런 아이가 처음 만난 저에게 자기 엄마를 '마녀'라고 한 것입니다.

더욱 놀랐던 점은 상담이 끝나자마자 그때까지의 우울했던 표정은 싹 사라지고 "엄마!" 하면서 밝은 표정으로 상담실을 나가는 아이 모습이었습니다. 저는 망치로 한 대 얻어맞은 듯 충격을 받았습니다.

　이 아이뿐이 아니었습니다. 수학을 포기했다는 고1 남학생은 눈에 초점이 없었고, 무기력하게 앉아 있는 그 아이 옆에는 "이제 우리 아이는 어떻게 하면 좋을까요? 제가 무엇을 도와주어야 할까요?" 하면서 아이보다 더 공허한 눈빛으로 저를 보는 40대 후반의 엄마가 앉아 있었습니다.

　그저 수학 학습과 관련된 조언을 할 생각이었던 저는 아이들과 학부모들을 만나면 만날수록 몸이 아파 왔습니다. 제가 마주친 현실을 감당하기 힘들었고, 하루 두세 건의 상담을 마치고 집에 돌아와서는 저도 모르게 눈물을 흘리는 일도 많았습니다. 수학과 관련된 문제의 심각성은 학교 수학 시험을 못 보는 문제를 넘어서서 아이에게 심각한 심리적 병폐를 만들고 있었고, 이를 감당하기 어려워 저는 수학 상담을 포기하려고 했습니다.

　그러던 어느 날, '10-3'이 너무 어려워서 못 풀겠다는 초등학교 3학년 아이와 엄마가 찾아왔습니다. "아이의 작년 담임 선생님께서 마지막으로 강 선생님을 한번 만나 보라고 해서 왔어요."라고 말하는 젊은 엄마는 얼굴에 근심이 가득했습니다. 학교 선생님의 소개로 오긴 왔는데 '수학 상담'이라는 생소한 만남에 대해서는 그다지 기대하지 않는 눈치였습니다.

아이는 수학 공부에 관한 한 모두 거부하는 모습을 보였습니다. 그동안 언어 치료, 미술 치료, 심리 치료 등 다양한 치료를 다 받아 보았지만 아이의 수학 거부감은 갈수록 정도가 심해졌다고 했습니다. 엄마는 아이가 유아였을 때 너무 바빠 엄마 노릇을 잘 못해서 그렇다는 자책감에 사로잡혀 의사인 직업도 포기했다고 합니다.

아이는 학교 수학 시간에 엎드려 있고, 집에서도 수학 공부를 하려고만 하면 소리를 지르거나 꼼짝을 안 하는 상태였습니다. 과외 선생님이 아이 방에 들어가면 곧바로 아이나 선생님 둘 중 한 명은 소리를 지르면서 뛰쳐나온다고 했습니다. 하지만 다행히도 제게는 그런 반응을 보이지 않았습니다.

"제 뇌가 호두같이 작고 딱딱해서 수학 공부를 할 수 없어요."라고 했던 아이. 다행히도 아이는 저와 1시간 정도 이야기를 나눈 뒤, "선생님을 만나니까 제 뇌가 말랑말랑해졌어요."라고 말했습니다. 제가 아이의 수학 거부 원인에 대해 "머리는 좋은데 욕심이 좀 많네요."라고 말했더니, 아이의 엄마는 "그동안 여러 곳에서 상담을 받았지만 욕심이 많다는 진단은 처음 들었어요." 하며 놀라워했습니다.

아이의 엄마는 그날 집에 돌아가서 "아이를 키우며 이런 날이 올 줄은 몰랐어요. 참 행복한 날이에요."라는 문자를 제게 보내 왔습니다. 그 후 두세 번을 더 만나는 동안 아이의 수학에 대한 거부감은 놀라울 정도로 사라져 갔습니다. 이 아이를 통해 수학 상담자로서의 가능성과 수학 상담의 정체성을 깨닫게 된 저로서는 참 소중한 만남이었습니다.

대학을 졸업한 이후 줄곧 공교육과 사교육을 넘나들며 유아부터 대학생까지 아이들에게 수학을 지도했고, 온·오프라인에서 무료 수학 상담소를 시작한 이후에는 수많은 학부모와 학생을 상담해 왔습니다. 이 과정에서 제가 얻은 결론은, '수학으로 얻은 병은 수학으로 치료해야 한다.'는 것입니다. 공부 때문에 극단적인 선택을 할 기로에 선 아이가 많습니다. 하지만 이런 상황까지 오게 된 이유가 '수학'과 관련이 있다고 생각하지 않고 뭉뚱그려서 그냥 '공부 문제'라고 여기는 부모가 대다수입니다. 아이가 지닌 마음의 상처가 수학에서 시작했다면, 치유하는 방법 또한 언어나 미술이 아닌 수학이어야 합니다. 수학으로 얻은 병은 수학으로만 치유가 가능합니다. 수학 때문에 생긴 문제는 치유가 가능하므로 쌓아 두지 말고 바로 해결하면 됩니다.

재미없고 지루하게 가르치는 학교, 지겨울 정도로 많은 문제를 풀게 하는 학원. 수학에 관심이 많았던 어린아이들은 점점 호기심을 잃고 지쳐 가고, 누가 먼저 포기하나 내기를 걸 정도로 교실에는 수포자로 넘쳐나는 게 현실입니다. 아이 성향에 맞는 학습으로 진행했다면 수포자가 이렇게 늘어나지는 않았을 것입니다.

얼마 전에 한 중학교에서 수학책 저자와의 만남을 진행했습니다. 제 강의가 끝나고 강당을 채운 아이들이 손을 들며 질문을 했는데, 한 여학생이 "수학을 포기하려는 학생이 있다면, 선생님은 그 학생에게 무슨 말을 꼭 해 주시고 싶으세요?" 하고 물었습니다. 저는 "'네가 수학을 포기하더라도, 수학은 너를 포기하지 않아.'라고 말하고 싶어요." 하고 대답했습니다. 순간 짧은 정적이 흘렀고, 아이들은 "아!" 하며 탄성을 터뜨렸습니다. 그렇습니다. 수학은 결코 아이들을 포기하지 않습니다.

저는 이 책에서 아이들이 수학을 포기하게 되는 과정을 소개하고, 수년간 상담해 온 생생한 사례들을 통해 수학을 포기하지 않는 방법을 제시할 것입니다. 1부 〈초등 3학년, 벌써 수포자?〉에서는 아이들이 어떻게 해서 수학을 포기하게 되는지 그 과정에 대해 설명하고, 2부 〈내 아이의 학습 유형에 딱 맞는 수학 공부법〉에서는 아이의 성향에 따른 수학 학습법을 소개합니다. 그리고 3부 〈실패하지 않는 12년 수학 공부의 로드맵〉에서는 12년 수학 공부의 방향을 잡아 주는 로드맵을 보여 줄 것입니다.

아이가 수포자가 되는 게 엄마 때문만은 아니지만, 이 책에서는 우리가 할 수 있는 것부터 하자는 의미에서 엄마에 초점을 맞추었습니다. 이 책에서 '엄마'는 '부모' 모두를 의미합니다.

이 책 《강쌤의 수학 상담소》에 오신 모든 분을 환영합니다. 내 아이가 자신에게 딱 맞는 수학 공부의 방향을 찾아서 길게 잘 해 나갈 수 있도록 책에서 제시하는 방법들을 하나하나 실천해 보시길 바랍니다.

강미선

차례

1부   초등 3학년, 벌써 수포자?

강쌤의 수학 상담 & 솔루션

2부   내 아이의 학습 유형에 딱 맞는 수학 공부법

3부 실패하지 않는 12년 수학 공부의 로드맵

초등 3학년,
벌써 수포자?

수포자들의
이유 있는 변명

"수학 공부, 싫어요!"라고 말하는 아이들의 학년이 점점 내려가고 있습니다. 몇 년 전까지만 해도 초등 저학년 아이들에게 어떤 과목이 재미있는지를 물으면 "수학이요."라고 답했고, 그 이유로 "쉬우니까요!"라고 말했습니다. 그런데 최근에는 4, 5학년은 물론 2, 3학년들 중에서도 수학이 어렵고 싫다는 아이가 많아지고 있습니다.

물론 초등 저학년 아이들이 지금 당장 수학을 포기하고 있다는 말은 아닙니다. 대놓고 "오늘부터 수학 포기했어."라고 선언하지는 않지만, '조금씩' 수학을 힘들어하고 싫어하는 모습이 2학년부터 시작되어 3학년부터는 가시적으로 드러나고 있는 게 요즘 현실입니다.

수학 포기를 생각하기 시작하는 때, 초등 3학년

　수학 학습을 거부하거나 무기력한 모습을 보이기 시작하는 것이 '수학을 포기하는 아이(수포자)'들의 전형적 특성입니다. 시키는 대로 잘하고 있지만 수학을 썩 좋아하지는 않는 모습이 3학년부터 보입니다. 아이가 5학년쯤 되면 수포자의 이런 모습을 엄마도 눈치채게 됩니다. 아이가 아무래도 수학을 포기하려는 것 같다는 다소 심각한 고민은 아이와 실랑이가 점점 잦아진다는 5학년 학부모들이 주로 보내옵니다.

　6학년 학부모들 중에는 아이가 무기력한 모습을 보이고 수학 공부 의지가 없으며 점수도 점점 떨어져서 걱정이라고 하소연하는 경우가 많습니다.

> ✉ 어느 날인가부터 집에서 공부를 안 하고 컴퓨터와 텔레비전만 열심히 챙겨 보더니, 얼마 전 수학 단원 평가에서는 아주 형편없는 점수를 받아 왔어요. 본인도 수학 점수에 충격을 받은 듯하지만 해 보려는 의지는 없습니다. 수학 시험지를 보니 뒷면은 답도 못 적고 그냥 냈더군요.
>
> (초6 아들 엄마)

　중학교 학부모들은 아이가 공부를 안 하겠다고 선언하거나 전형적으로 무기력한 모습을 보여서 애가 탑니다.

수포자를 만드는 3가지 원인 - 불안·불신·선행 학습

수학을 포기하는 아이들은 과연 어떤 과정을 거치는 것일까요? 수 포자가 생기는 이유와 그 과정을 아는 것은 내 아이를 수포자로 만들 지 않기 위해 꼭 필요합니다.

어른들의 수학 불안이 수포자를 만든다

초등학교 1, 2학년 아이들은 아직 시험 점수에 관심이 없습니다. 점수가 좋으면 부모나 선생님으로부터 칭찬을 받으니까 그저 기분 이 좋을 뿐입니다. 아이들이 수학 점수를 잘 받고 싶다고 한다면, 그 이유는 '그러면 기분이 좋은 일들이 일어나니까'입니다.

수학 단원 평가 점수를 낮게 받아도 아이는 크게 실망하지 않습니 다. 시험 점수가 낮으면 기분이 썩 좋지는 않지만 그렇다고 이 점수 때문에 장차 자기 인생이 불행해질 거라는 생각은 하지 않습니다. 그 래서 "다음에 잘 보면 되지."라고 큰소리칩니다. 정말 다음에 잘 보면 되니까요!

하지만 엄마들은 다릅니다. 아이가 100점을 받으면 엄마는 뛸 듯 이 기쁘고, 앞으로 펼쳐질 탄탄대로를 당당히 걷는 아이의 모습이 눈

앞에 펼쳐지는 상상도 합니다. '이대로만 간다면 문제없어!'라는 생각에 가슴이 벅차오르기도 합니다. 반면, 아이가 수학 단원 평가에서조차 100점을 받지 못했다면 엄마는 불길한 기분에 휩싸입니다. 아이가 초등 1학년이라면 더욱 그렇습니다. '1학년 수학도 만점을 못 받다니···. 앞으로 큰일이네.' 하면서 아이의 미래가 먹구름에 뒤덮인 것 같은 기분이 들어 걱정스러운 눈빛으로 아이를 바라보게 됩니다.

물론 대수롭지 않게 생각하며 아이에게 활기찬 목소리로 "이야~ 95점 받았네. 잘했어."라고 말하는 엄마도 있습니다. 그런데 그 엄마가 "아들! 다음에는 100점 받자!"라는 말을 덧붙이는 이유는, 사실 불안하기 때문입니다. 아이가 해야 할 다짐을 엄마가 하는 이유는, 엄마 스스로 마음을 다스려야 할 만큼 불안하기 때문입니다.

마음이 편치 않고 불쾌한 정서적 상태, 안도감이나 확신이 상실된 심리 상태를 '불안'이라고 합니다. 불안이 지나치면 걱정이 걱정을 낳다가 마음속에서 하늘이 무너져 내릴 듯한 막막함이 듭니다. 숨이 턱 막히면서 갑자기 울음이 나오기도 합니다.

불안에는 크게 '특성 불안'과 '상황 불안'이 있습니다. 아무 일도 일어나지 않았지만 늘 뭔가 불안한 생각이 드는 것을 특성 불안이라고 하는데, 특성 불안을 가진 사람들은 아무 때나 뜬금없이 불안을 느낍니다. 제가 상담한 6학년 남자아이는 "거리를 걷다가도 갑자기 빌딩이 무너질 것 같고, 놀이기구를 타면서도 기구가 무너질까 봐 무서운 생각이 들어요." 하면서 힘들어했는데, 이 아이가 느끼는 불안이 바로 특성 불안입니다.

이와 달리 평소 늘 불안한 건 아닌데 어떤 특별한 상황에서만 느끼는 불안을 '상황 불안'이라고 합니다. 길에서 갑자기 괴한과 마주친다면 아무리 건장한 사람도 부들부들 떨리고, 평소에는 하나도 안 무섭던 선생님이 어느 날 매를 들고 있다면 겁을 먹게 됩니다. 이렇게 평소 늘 불안한 것은 아니지만 어떤 특정 상황에서 느끼는 불안이 바로 상황 불안입니다.

평소 늘 불안해서 수학에 대해서도 불안해한다면 특성 불안에 의한 것이고, 다른 과목은 그렇지 않은데 수학에 대해서 유독 불안을 느낀다면 수학에 대한 상황 불안이라고 볼 수 있습니다.

주요 교과에 속하는 영어나 국어와 비교했을 때 수학에 대해 특히 불안을 느끼는 부모가 많습니다. 예를 들어 초등 1학년 아이가 만점을 받아 오면 기쁜 마음보다 걱정이 앞섭니다. '초등 1학년 수학은 쉬우니까 그렇지. 앞으로 학년이 올라가면 수학이 어려워져서 100점 받기 힘들 거야.' 하는 걱정이 자동적으로 떠오르는 것입니다. 국어 과목에서 한두 개 틀리는 것은 대수롭지 않게 여겨지는데, 수학 시험에서 한 문제를 틀려 오면 마치 그 문제가 장차 아이의 발목을 잡아 앞길이 막힐 것처럼 가슴이 벌렁벌렁하다는 분도 있습니다.

엄마들이 이렇게 수학 불안을 느끼는 이유는 무엇일까요? 이는 아이가 '지금' 배우는 수학을 잘하더라도 '앞으로 수학이 점점 어려워지면 못하게 되지 않을까?' 하는 불안 때문입니다. 아이가 지금 배우는 수학을 완전히 이해하고 있는 것 같지 않다 싶으면, '지금도 제대로 못하는데 앞으로는 더 못하게 될 게 뻔해. 아아… 어떻게 하지?' 하면서 불안해합니다.

> ✉ 수학에 대해 막연한 불안감이 있습니다. 제 자신이 고등학교 때 수학 과목 때문에 낭패를 본 사람이라서요. 남편은 초등 때는 학교 수업만 충실히 하면 된다고 하는데, 그런 주장에 대해 제 나름대로 어떤 근거를 댈 게 없어서 뭐라 말을 못 하고 그저 속으로 불안감만 키우고 있습니다. 우리 때와는 시대가 바뀌었는데 남편 말대로 부모 세대가 했던 것처럼 해도 될까요?　　　　　　　　　　(초2 딸 엄마)

이 엄마의 수학 불안에는 이유가 있습니다. 과거 자신이 수학 성적 때문에 큰 피해를 본 경험 때문입니다. 엄마는 내 아이도 나처럼 그런 길을 걷게 되는 게 아닌지 불안합니다. 그리고 이제는 시대가 바뀌었으니 방법도 달라야 한다고 생각합니다. 하지만 수학 불안을 겪은 적이 없는 남편은 낙관적입니다.

구체적인 형태나 내용도 없고 불안의 근거가 무엇인지 콕 집어 말할 수도 없는 이런 '막연한' 불안은 일상생활 속에서 알게 모르게 아이에게 전해집니다. 엄마가 학창 시절에 가졌던 편견과 불쾌한 감정을 아이에게 그대로 전달하는 일이 무의식적으로 일어나면서 수학에 대한 부정적 감정이 대물림될 수 있습니다.

아이의 첫 수학은 학교가 아니라 가정에서 먼저 시작됩니다. "이건 1이라고 해. 1은 이렇게 쓰는 거야. 여기 과자가 있네. 하나, 둘, 셋… 이렇게 세어 보자." 하는 식으로 숫자를 배우며 아이의 첫 수학이 시작됩니다. 수학에 대해 정체불명의 불안을 가진 엄마들 중에는 아이가 과자 여섯 개를 세다가 다섯 다음에 일곱으로 건너뛰면 갑자기 화를 내기도 합니다. "몇 번을 말해! 하나, 둘, 셋, 넷, 다섯, 여섯. 여섯으로 끝나니까 여섯 개지, 왜 일곱 개야?" 하면서 말입니다. 내 앞에 있는 아이가 이제 막 숫자를 배우기 시작한 유아라는 사실을 잊고, 초등학생 대하듯 야단을 칩니다.

엄마가 이렇게 화를 내는 이유는 무엇일까요? 처음 배울 때는 누구나 서투르다는 것을 엄마도 잘 알고 있습니다. 그럼에도 화를 참지 못하는 이유는, 아이가 척척 숫자를 익히지 못하는 모습을 장차 수학을 못하게 될 '불길한 징조'로 보기 때문입니다. 겁에 질린 아이는 화난 엄마의 표정을 보면서 여러 번 반복해서 과자의 개수를 셉니다. 하지만 그러면 그럴수록 자꾸 틀립니다. 이제 막 수학을 만나고 있는 이 아이의 수학에 대한 첫 느낌은 과연 어떤 것일까요? 친근함일까요, 공포심일까요?

어른들이 심어 준 수학에 대한 첫 느낌은 수학 학습의 첫 단추와 같습니다. 수학에 대해 막연한 불안을 가지고 있는 어른이 입으로는 "수학은 재미있는 거야."라고 말을 하면서 '수학을 못하면 불행하게 돼.'라는 신호를 아이에게 수시로 반복해서 주는 경우가 많습니다. 태어난 지 얼마 안 되었고 수학에 대해 아무 선입견도 없던 아이가 첫 수학을 배우기 시작하면서 "1, 2, 3, 4도 모르면 큰일이지."라는 말을 자주 듣는다면, 아이의 마음속에는 수학에 대한 두려움이 점차 크게 자리 잡습니다.

애초에는 수학에 대해 아무 느낌이나 감정이 없었지만, 수시로 불안감을 전해 주는 어른들 때문에 아이는 점점 불안과 공포를 학습하게 된다는 것입니다. 마찬가지로 엄마의 수학 불안과 두려움이 아이에게 전달되면 아이도 덩달아 불안해지고, 수학을 공부하는 데 써야 할 에너지를 불안을 잠재우는 데 다 써 버려서 아이는 정작 공부에 집중하기 어렵습니다.

공포는 태어날 때부터 가지고 있는 선천적인 감정이 아닙니다. 후천적으로 '학습된 감정'입니다. 수학이 어떻게 생겼는지도 모르는 아이에게 "이것도 못하면 큰일 난다."는 식의 부정적인 말을 자꾸 하면 아이는 수학에 지레 겁을 먹을 수밖에 없습니다. 수학에 대한 이런 공포를 '수학 불안'이라고 합니다.

첫인상을 바꾸기는 매우 어렵습니다. 본 적도 없는 사람에 대해 부정적인 말을 먼저 들은 경우, 실제로 그 사람을 처음 만났을 때 호감을 느꼈다 해도 이미 자리 잡은 비호감을 버리기 어렵습니다. 수학에 대한 첫 느낌이 호감이 아니라 공포라면, 이런 공포를 호감으로 바꾸는 데는 아주 많은 노력이 필요합니다. 영영 극복하지 못하는 경우도 있습니다.

실제로 초·중·고 아이들을 대상으로 한 연구에 따르면, 중학생들이 느끼는 수학 불안 평균 점수가 고등학생의 수학 불안 평균 점수보다 통계적으로 유의미할 만큼 높았습니다. 고등학생에 비해서 중학생이 전반적으로 수학에 대해 불안을 더 많이 느낀다는 것입니다. 고등학교 수학이 중학교 수학보다 어려우니까 고등학생들의 수학 불안이 더 클 것 같은데 의외의 결과입니다. 막상 고등학교에 올라가서 보니 중학교 때 겁먹은 것만큼은 아니라는 것을 알게 되었기 때문은 아닐까요?

잘해야 한다는 심리적 불안이 항상 나쁜 것은 아닙니다. 과제에 따라 도움이 되기도 하고 방해가 되기도 합니다. 예를 들어 초등 3학년 아이가 두 자리 수 덧셈 같은 단순한 문제를 푼다면, 약간의 불안한 마음 상태가 문제 해결에 도움이 됩니다. 정신을 놓고 있으면 아는 문제도 틀리지만, 약간의 불안은 방심을 줄여 주기 때문에 계산을 잘할 수 있습니다. 시험 준비가 잘된 상태라면 이렇게 살짝 불안한 상태가 좋은 결과를 가져옵니다.

반면, 서술형 문제와 같은 복잡한 과제에서는 '덜' 불안할수록 도움이 됩니다. 익숙하지 않은 기술을 요구하는 어려운 과제를 마주할 때 너무 긴장하면 정신이 어수선해져서 좋은 결과를 얻는 데 방해가 됩니다. 시험에 대해 불안한 마음이 많고 성적 걱정을 많이 하는 것을 '시험 불안'이라고 합니다. 시험 불안이 너무 심할 경우, 문제지를 받고 심한 불안감 때문에 결국 제대로 다 풀지도 못한 채 시험지를 제출하기도 합니다.

> ✉ 저는 수학이 제일 싫어요. 왜냐하면 덧셈, 뺄셈, 나눗셈, 곱셈은 쉽지만 그 밖에 계속 공식도 외워야 하고, 잘 모르거나 어려운 문제가 시험에 나오면 두렵고 불안해지기 때문이에요. (초6 여학생)

✉ 시험을 봐서 수학 점수가 잘 안 나오면 괜히 불안해져요.

(초6 여학생)

✉ 우리 아이는 시험 기간에 늘 배가 아프다고 해요. (중2 딸 엄마)

이러한 시험 불안이 수학을 못하는 학생들에게서만 보이는 것은 아닙니다. 수학을 잘하는 학생들 중에도 시험 불안이 심한 아이가 있습니다.

✉ 시험 전날 열심히 시험 대비 공부를 하다가도 만약 내일 잘 못 보면 어쩌지 하는 걱정이 돼요. 지난번에는 100점을 받았는데 이번에 100점을 못 받으면 성적이 떨어진 거잖아요.

(초6 여학생)

시험 불안이 심한 아이들은 시험 볼 때 긴장을 많이 합니다. 걱정이 심하면 문제지를 잘못 읽어서 틀리거나, 아주 기초적인 문제에 엉뚱한 답을 쓰기도 합니다. 심하게 긴장하니까 평소의 실력을 발휘하지 못해서 점수가 잘 안 나옵니다. "너는 왜 실전에 약하니?"라는 말을 듣는 아이들입니다. 왜 실전에 약한 걸까요?

시험 불안이 있는 아이는 시험지를 받고 나서 어떤 문제가 나왔는지 보기도 전에 걱정부터 됩니다. 평소 수학 문제를 풀다가 틀려서 기분이 안 좋았던 때의 감정이 되살아나는 것입니다. '이 시험이 끝나고 채점을 할 때 또 그런 느낌을 갖게 되면 어쩌지?' 하는 생각이

들기 때문입니다. 시험을 보면서 시험에 집중하기보다는 시험 본 이후를 미리 걱정합니다. 처음에는 시험 점수를 걱정하고, 그 다음에는 짜증이 나다가 나중에는 정서적 불안에 시달립니다.

> ✉ 엄마, 아빠가 수학을 잘해야 한다고 할 때 부담이 돼요. 사람들이 수학에 기대를 하기 때문에 부담스러워요. 엄마는 열심히 하라고 하지만 저는 그렇게 안 돼요. 똑같은 사람인데 왜 잘하는 사람 못하는 사람이 있는지 모르겠어요.　　　　　　　　　　　　　　(초6 여학생)

부모를 미워하고 원망하는 것은 자식 된 도리가 아니라는 생각이 아이들의 가슴 저 밑바닥에 깔려 있습니다. 그래서 부모를 미워하면서도 미안한 마음을 가집니다. 이런 죄책감이 지나치다 보면 아이들은 점차 무기력해집니다.

자신의 무능력이나 나태함을 원망하면서 '자책감'에 빠지는 아이도 있습니다. 이 세상에는 '잘하는 사람'과 '못하는 사람'이 원래부터 정해졌다고 생각하고, 그중에서도 자신은 수학을 못하는 사람이라 단정 지으면서 우울감에 빠지는 것입니다.

> ✉ 수학이 나를 때리는 것 같아요.　　　　　　　　　　(초3 여학생)

수학 학습 능력은 타고나며 자신에게는 그런 능력이 없다고 생각하는 아이의 경우, 자책감을 가지면서도 열심히 노력하지는 않습니다. 아무리 노력을 해 봤자 능력이 생기지는 않을 것이라고 생각하기 때문입니다.

이와 같이 학창 시절 수학 때문에 안 좋은 경험이 있었던 부모가 느끼는 막연한 수학 불안이 아이에게 첫 수학부터 공포를 심어 주고, 수학 공포는 수학 불안과 시험 불안을 만들며, 부모의 기대에 부응하지 못한 죄책감은 자책감으로 변해 아이를 무기력하게 만듭니다. 바로 이 무기력한 기분이 계속되고 깊어지면서 결국 수학을 포기하기에 이릅니다.

아이에 대한 불신이 수포자를 만든다

수학을 포기하게 되는 두 번째 이유는 아이의 수학 실력에 대한 엄마의 불신입니다. 치열한 경쟁 사회에서 살아남으려면 수학을 잘해야 한다는 강박 관념에 사로잡혀 '과연 내 아이가 그럴 수 있을까?' 하며 아이를 못 미더워하는 것이 바로 그것입니다. 한마디로, 내 아이의 수학 자생력을 믿지 못하는 것입니다.

> ✉ 아무래도 수학적 감각은 타고나는 것 같은데, 저는 그런 감각이 없어요. 우리 아이도 저를 닮아서 수학적 감각이 없는 것 같아요.
>
> (초2 딸 엄마)

> ✉ 우리 큰아이는 수 개념이 약해요. 학습지나 학원을 권해 봤지만 절대 싫다고 하고, 집에서 문제집이라도 한두 장 풀어 보자 했지만

수학 얘기만 들어도 스트레스라고 하네요. 1학년 때는 부담 주기 싫어서 그냥 뒀는데, 2학년이 되니 아직 저학년이지만 이대로 둬도 될지 걱정이 됩니다.
(초2 딸 엄마)

아이의 학습을 꼼꼼히 챙기는 엄마들 중에 "그렇게 하지 않으면 아이가 안 할 것 같아요."라고 말하는 분이 많습니다.

✉ 지금은 제가 시키니까 간신히 하고 있는 거지, 그냥 내버려 두면 전혀 안 할 것 같아요.
(초5 아들 엄마)

✉ 자기가 알아서 하겠다는데, 그걸 어떻게 믿어요? 입으로만 그런 거지, 공부하는 걸 보고 있으면 아주 속이 터져요.
(초6 딸 엄마)

내버려 두면 아이가 수학 공부를 절대 안 할 거라고 엄마는 어떻게 확신하는 것일까요? 한 번도 아이를 가만둔 적이 없는데 말입니다.

엄마가 아이를 불신하면 아이도 자기 자신을 못 믿게 됩니다. 실제로 제가 상담한 중학교 3학년 여학생은 "저도 저를 못 믿겠어요."라고 했습니다. 그 아이는 초등학교 5학년 때 서술형 문제를 잘못 읽어서 틀린 적이 몇 번 있었다고 합니다. 엄마는 불같이 화를 냈고, 오답 노트를 쓰게 했습니다. 아이는 오답 노트를 만들면서 자기가 틀린 문제들을 다시 맞닥뜨리게 되었고, '아, 이렇게 쉬운 문제를 내가 틀리다니.' 하는 생각을 하며 자신에게 실망했습니다.

그 이후에도 이런 일이 반복되었고, 엄마에게 야단을 맞으면 맞을수록 아이는 자기 자신을 못 믿게 되었답니다. 중3이 되어서는 문제를 읽고 또 읽고 또 읽는 습관이 생겨서 문제를 푸는 데 시간이 오래 걸렸을 뿐 아니라, '나는 한 번에 다 맞추지는 못하는 아이'라고 스스로를 낮게 평가하게 되었습니다. 이 아이는 전형적인 강박 행동을 하고 있었습니다. 또 틀리면 안 된다는 데 집착해서 읽고 또 읽는 반복 행위를 멈추기 어려웠던 것입니다.

✉ 엄마 아빠가 제게 기대하는 게 많아요. 저도 그걸 알고 저도 잘하고 싶은데, 과연 제가 잘할 수 있을지… 자신이 없어요.

(중3 남학생)

시험 전날 엄마로부터 "지난번에는 실수로 한 문제 틀렸던데, 이번 시험에서는 꼭 100점을 받기 바란다."는 말을 들은 초등학교 3학년 아이는 '나는 엄마 말대로 실수를 잘하는 아이야.'라는 생각을 갖게 되었다고 합니다.

"내가 속상한 것은 네가 '쉬운 문제'를 틀리기 때문이야. 어려운 문제는 어려워서 틀렸다고 쳐. 쉬운 문제는 왜 틀리니? 이번 시험에서도 지난번처럼 실수로 틀리기만 해 봐. 혼날 줄 알아."라는 엄포를 들은 4학년 아이는 결국 시험 성적으로 또 혼이 나고 말았습니다. 이번에도 쉬운 1번 문제를 틀렸기 때문입니다.

어른들은 "똑바로 해라."라는 말을 들으면 아이가 긴장해서 정신을 차리고 집중할 것이라고 기대합니다. 그래서 그런 말을 반복하고 큰 소리로 말합니다. 하지만 이런 말을 들은 아이는 오히려 실수를 반복합니다. "너는 왜 번번이 이러니?"라는 말을 들으면서 자기 자신에 대해 못 믿는 마음이 생겼기 때문입니다.

"이번엔 시험 준비를 충분히 했으니 분명 잘할 거야. 너를 믿는다."라는 말을 들은 아이는 어떨까요? 자신의 실력을 믿고 있는 부모를 고맙게 생각하는 아이도 있지만, '사실은 부모님이 나를 믿지 못하고 있어. 단지 믿으려고 노력하시는 거야.'라고 생각하는 아이도 있습니다. 부모가 나를 믿지 못한다고 생각하는 아이가 자기 자신을 믿기는 힘듭니다. 부모가 진심으로 믿어 주었을 때 아이도 자신을 믿게 됩니다.

초등학교에서 수학 시험은 매우 자주 있습니다. 시험을 볼 때마다 이런 일이 반복된다면 아이는 자신에 대해 어떤 생각을 갖게 될까요? 이런 일이 누적되다 보면 몇 년 뒤 아이는 결국 '내가 그렇지 뭐.' 하며 자포자기하고 맙니다.

지루하게 가르치는 '어른'들이 수포자를 만든다

수학을 포기하게 되는 세 번째 이유는 재미없게 가르치기 때문입니다. 아이들은 수학이 재미없는 이유가 '지루해서'라고 합니다.

> ✉ 나는 수학을 배우는 과정에서 정말 재미를 붙이지 못했다. 교과서 내용이 너무 딱딱하고, 수학 시간엔 정말 지루하다. 수학 문제집 역시 마찬가지다.
> (초6 남학생)

✉ 제가 직접 가르쳐 보려고 문제집 부록으로 있는 연산 학습지를 풀게 했는데, 그냥 후다닥 끝내고 10분이 넘어가면 짜증을 부려요. 그만하고 싶다고. 집에서 저랑 수학 공부를 한다면 문제집(또는 연산 학습지)을 푸는 것인데, 제가 수학 공부방 선생님이기는 하지만 제 아이에게 수학 개념을 재미있게 설명해 줄 자신이 없어요.

(초1 딸 엄마)

수학이 재미없고 지루한 이유는, 먼저 어른들이 그렇게 가르치기 때문입니다. 수학에 재미를 붙이지 못하는 아이 탓이 아닙니다. 어른들이 수학을 재미없게 가르치기 때문입니다.

✉ 초등학교에 들어가서부터는 지금까지 집에서 제 학년 개념 문제집 한 권과 심화 문제집 한 권을 풀게 했어요. 거의 매일 2장씩 풀게 했는데, 요즘에는 3, 4장 정도 풀고 있어요. 3학년 때부터 방학에 아빠랑 다음 학년 선행 학습용 문제집을 풀게 했고, 4학년 올라와서 연산 학습지를 하고 있어요. 식을 차근차근 순서대로 하면 틀릴 일이 없는데 그냥 다짜고짜 계산부터 하고 그러니까 틀리는 거죠. 문제를 후루룩 읽고, 그냥 눈으로 쓱 푸는 것 같아요. (초4 아들 엄마)

매일 똑같은 방식으로 반복되는 과정에서 큰 흥미를 느끼는 사람이 얼마나 될까요? 아이가 수학을 잘하기는 하는데 공부해야 할 분량이 조금만 늘어도 하기 싫어하고 더 이상 안 하려고 해서 고민이라는 부모가 많습니다. 아이가 더 이상 노력하지 않는 것은 수학에 흥미가 높지 않기 때문입니다. 미술에 흥미 있는 아이가 미술 학원에서 4시간 동안 이어지는 수업에도 지겨워하지 않고 집중하는 것처럼, 수학에 흥미 있는 아이도 그렇습니다.

아이가 수학에 흥미를 느끼게 하는 방법이 무엇인지를 고민하는 노력만큼, 부모가 아이의 흥미를 없애고 있는 것은 아닌지도 고민해야 합니다. 문제집 몇 권으로 문제만 풀게 하는 경우, 아이가 수학에 흥미를 갖기는 어렵습니다. 이제 막 수학에 흥미를 느끼기 시작한 아이에게 더 흥미를 가지라고 문제집을 계속 들이민다면, 오히려 생기려던 흥미도 사라질 수 있습니다. 아이가 대충 문제를 쓱 읽고 마는 이유는 뻔한 문제를 푸는 게 너무 식상하고 지루하기 때문일 겁니다. 하기 싫어서 그런 것 같으면 좀 쉽게 해 주세요. 다음 날 풀게 해 주셔도 좋습니다.

수학이 어려워서 수학이 싫다는 아이도 있습니다. 처음엔 수학이 쉽고 간단해서 좋아했는데 덧셈에서 받아올림을 하면서부터 수학이 싫어졌거나, 분수를 하면서부터 또는 나눗셈을 하면서부터 수학이 어렵게 느껴진다는 아이도 많습니다. 저학년 수학은 쉬워서 좋아했는데 고학년이 되면서 내용도 복잡해지고 양도 많아져 수학에 대해 부담을 느끼게 되었다는 것입니다.

✉ 3학년 때까지는 수학을 좋아했는데 4, 5, 6학년이 되면서 점점 문제가 많고 내용도 어려워서 부담이 되었어요.   (초6 여학생)

아이가 수학을 어렵게 느끼고 있다면 쉽게 느끼도록 가르쳐야 합니다. 하지만 수학이 어렵다는 아이에게 "그 정도가 뭐 어려워?" 하며 면박을 주거나, "어려운 문제를 푸는 데서 희열과 재미를 느껴봐." 하고 공감할 수 없는 말을 하는 어른도 있습니다. 모든 사람이 역경 앞에서 도전 의식을 갖고 이를 극복하며 희열을 느끼는 것은 아닙니다. 마찬가지로 모든 아이가 어려운 문제에 도전하고 풀어내는 데서 기쁨을 느끼는 것도 아닙니다.

수학 시간에 경험한 불쾌한 사건 때문에 수학이 싫어졌다고 말하는 아이도 있습니다. 어떻게 문제를 풀어야 할지 생각하고 있는데 선생님이 "칠판에 나와서 풀어."라고 할 때, "풀이를 찾을 때까지 칠판 앞에 서 있어."라고 할 때, "이 문제를 못 풀면 복도에 세워 둘 거야."라고 할 때, 어떻게 풀지 몰라서 문제를 쳐다보고 있는데 "이야~ 이 문제는 정말 쉬운데."라고 할 때, "네 실력으로는 결코 못 풀걸?" 하고 말할 때, "아이고, 정답이 바로 코앞에 있는데 그걸 못 보네."라고 할 때…. 이런 수치스러운 말들은 자신을 비난하는 말로 들린다고 합니다.

수학 수업 시간에 겪은 무안하고 수치스러웠던 경험은 수학이 두렵고 싫어지게 하는 치명타가 됩니다. 그런 불쾌한 경험이 수학을 싫어지게 만듭니다. 그리고 그런 불쾌한 경험은 어른들이 아이들에게 '준' 것입니다.

수학을 잘하는 아이라도 수학 시간에 겪은 불쾌한 경험이 수학을 싫어하고 멀리하게 되는 원인이 되곤 합니다.

✉ 수학은 내가 이만큼 틀렸다는 것을 남들 앞에 드러나게 해서 싫어요. 내가 크게 잘못된 사람은 아닌데 수학에서는 내가 틀린 사람으로 보이잖아요.

(초6 여학생)

수학 문제를 틀리면 자기도 '틀린 사람'이 되는 것 같아서 수학이 싫다는 아이도 있습니다. "수학 문제를 채점하면서 동그라미를 칠 때는 수학이 내게 무한한 호감을 갖는 것 같은데, 빗살을 그을 때는 수학이 나를 때리는 것 같아요."라는 아이도 있고, "내가 문제를 잘 풀지 못한다고 수학이 나를 흉보는 것 같아요."라고 말하는 아이도 있습니다.

이 아이들에게 수학 시간에 문제를 잘 푸느냐 못 푸느냐 하는 것은 선생님과 친구들에게 내가 어떤 아이로 인식되는지를 가늠할 수 있는 결정적 순간들입니다. 자칫하면 선생님의 골칫거리가 되고, 친구들의 놀림감이 되기 때문입니다.

당황을 넘어 치욕스러운 감정을 느낀 기억들은 아이가 어른이 되어서까지 잊을 수 없는 악몽이 됩니다. 이런 기억을 여전히 간직하고 있는 어른도 많습니다. 어른이 되고 부모가 될 때까지도 사라지지 않고, 수십 년 전에 일어난 일이라도 기억이 생생합니다.

✉ 중1 때 수학 선생님이 S대 수학교육과를 나오신 1년 차 선생님이셨어요. 열정적이시고 잘 가르쳐 주셨지만, "솔직히 말하면 나는 너희가 이 쉬운 걸 왜 이해하지 못하는지 정말 모르겠어."라고 하신 말

씀이 종종 떠올라요. 수학 못했던 사람들이 느꼈던 절망감을 수학 잘 하셨던 분들께 말하고 싶습니다. 정말 슬프고 힘들었거든요. 수학 싫어하고 못했던 엄마가 학창 시절의 터널을 뚫고 수학과 전혀 관계없는 일을 하며 살다가 다시 아이의 수학 문제를 맞닥뜨리면서 악몽이 떠오르는 거죠. 지금은 하고 싶은 일 하면서 잘 살고 있는데, 수학이 여전히 나한테는 큰 상처였다는 생각이 듭니다. (초5 딸 엄마)

부모가 아이에게 수학을 가르치면서 폭언을 하고 폭력을 행사하는 경우도 실제로 많습니다. 빨리 풀라고 했는데 아이가 동생이랑 놀면서 한다거나, 문제를 제대로 읽지 않아 틀려서 매번 똑같은 잔소리를 하게 하는 등 부모가 기대한 행동과 다른 행동을 했을 때 부모는 순간 화를 참지 못합니다. 급기야 "너 죽을래?", "야, 이 멍청아!" 같은 폭언을 하거나 등짝을 내려치는 폭력을 가하기도 합니다. 이 모든 게 수학 공부할 때 벌어진 일이기 때문에 아이는 '다 수학 때문이야.' 하면서 수학을 원망하고 미워하게 됩니다.

지금까지 살펴본 수포자가 생기는 이유는 모두 어른들에게서 시작됩니다. 수학에 대한 막연한 불안, 자녀의 수학 실력에 대한 불신, 지루하고 재미없는 수학 지도법이 아이에게서 수학적 흥미를 빼앗고 있는 것입니다.

가정에서는 부모가 자녀를 못 미더워하는 마음으로 첫 수학부터 수학에 대한 공포와 불안을 심어 주고 있고, 학교와 학원에서는 수학을 지루하고 어렵게 가르치고 있으며, 그러한 과정에서 아이들에게 불쾌한 경험을 심어 주고 있습니다. 수학 자체가 아니라, 수학 선생님이 싫거나 수학 점수 때문에 부모님께 야단맞는 게 싫어서 수학을 싫어하게 되었다는 아이들도 있습니다.

이런 일들이 계속되는 한 아이들이 수학을 포기하지 않기가 더 어려운 게 아닐까요?

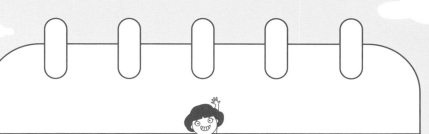

엄마를 닮아
수포자가 되면 어떻게 하죠?

저희 아이는 5학년 여자아이고 첫째입니다. 저는 워킹맘이고요. 수학 공부는 처음부터 제가 지도했고, 아이가 7세 때는 제가 연산 문제를 만들어서 풀게 하기도 했습니다. 1, 2학년 때는 아이가 싫다고 하는데도 연산을 꾸준하게 강제로 시켰습니다. 아이가 수학, 특히 연산을 너무 싫어했지만 완급을 주며 시키다 말다 하면서 방학 때는 꾸준히 문제집 2~3장씩 풀도록 했습니다.

제가 파악하기로 아이는 연산 능력이 좋지 않고 속도가 너무 느립니다. 저는 이게 큰 걸림돌이 될 것 같아 걱정입니다. 아이는 특히 연산을 극도로 싫어하고, 왜 연산을 해야 하는지 모르겠답니다. 비슷한 문제를 계속해서 푸는 것은 너무 싫고 힘들다고 말합니다.

통계와 도형은 재미있다고 합니다. 5학년 약수와 배수 익힘 문제를 풀면서는 "엄마, 나 수학이 재미있어진 것 같아."라고 말한 적도 있습니다. 이런 말을 4학년 때 심화 문제 풀다가도 했습니다. 3학년 때 선생님은 아이가 이해력이 좋아서 금방 알아듣는다며 집에서 조금 도와주면 된다고 하셨습니다. 아이가 가만히 있다가 갑자기 우는 일이 현재까지 6~7회 정도 있었습니다. 자기 전에 갑자기 침대에서 눈물을 펑펑 쏟으며 수학이 싫다고 통곡하는 거예요. 아이의 이런 모습을 보면서 저도 모든 의욕을 잃고 무기력한데, 가끔이지만 아이가 수학이 재밌다고 하면 제 마음이 활짝 좋아지다가 아이가 또 수학에 대한 공포를 드러내면 우울해집니다.

사실, 제 자신이 고등학교 때 심각한 수포자였습니다. 중학교 때는 수학이 너무나 쉬웠는데, 고등학교 첫 시험을 망치고 그 이후부터는 수학을 거의 포기했습니다. 그래서 아이가 수학을 싫어하고 두려워하는 그 마음이 백번 이해가 돼요. 엄마인 저는 고등학교 때부터 느꼈던 수학에 대한 공포와 혐오를 우리 아이는 초등학생 때부터 느낀다고 하니 불쌍하고 안쓰럽습니다. 제가 너무 심각한 수포자였기에 수학 문제로 아이를 혼내고 싶은 마음이 안 듭니다. 딸이 저를 닮은 것 같아요. 지금 저렇게 수학을 싫어하는 걸 보면, 아직 아이의 학년이 높지 않아 표가 안 날 뿐이지 앞으로 수학을 못하게 될 것 같습니다.

팩트 체크 Fact Check

첫째, 아이가 이해력은 좋은데 훈련하고 연습하는 모든 것을 싫어한다.

둘째, 통계, 도형, 약수와 배수, 4학년 심화 문제 풀 때 수학이 재밌다고 했다.

셋째, 엄마는 고등학교 때 수포자가 되었던 자신과 딸이 닮았다고 생각한다.

솔루션 Solution

이해력이 좋고 통계, 도형, 약수와 배수, 4학년 심화 문제를 좋아하는 아이를 상상해 보세요. 과연 이 아이가 수학을 못하는 아이로 보이시나요? 연산을 극도로 싫어하지만 수학을 못하는 아이가 아닙니다. 수학적 소질이 전혀 없거나 수포자가 될 것 같다는 어떤 합리적 근거도 없습니다. 그런데 엄마는 수포자였던 자신과 아이를 동일시하고 있습니다. 이 아이가 엄마와 똑같을 거라는 근거는 하나도 없는데도 말이죠. 엄마가 학교를 다녔던 그 시대와 지금 시대가 다릅니다. 환경도 다르고, 아이와 엄마의 개인적 특성도 다릅니다.

따라서 아이를 걱정하는 마음은 엄마 자신의 과거 모습을 지나치게 아이에게 투영한 비합리적 태도에서 나오는 거예요. 그리고 왜 이 아이가 엄마만 닮았다고 생각하는 거죠? 이 아이는 엄마보다는 수학 잘하는 아빠를 닮았을 가능성이 더 높습니다. 따라서 아이가 엄마만 닮았을 거라는 생각을 버리고, 수학에 대한 부정적 감정을 드러내지 않도록 하시기 바랍니다. 엄마가 수학에 대한 두려움과 비호감이 심한 상태에서는 아이를 가르치지 마셨으면 합니다.

중1 수학,
어디서부터 잘못된 걸까요?

중1인 제 아들은 수학에 대해 자신감이 늘 부족했던 것 같아요. 초등 때까지 늘 80점 이상만 받아 오는 아이를 혼낼 수 없어서 그저 잘했다 하면서 칭찬해 주었는데, 아이 자신은 수학을 잘하지 못한다고 생각해요.

초등 때는 기복이 나타나지는 않았고, 남들 하는 만큼은 잘 따라가고 있다고 생각했습니다. 3~5학년까지는 연산 학습지를 풀게 했고, 5학년부터 지금 중1까지 주 3회 수학 학원을 다니고 있습니다. 그 외 집에서 복습을 하거나 다른 문제집은 거의 안 풀고요. 지금까지 제 불안함과 욕심으로 학원을 보냈던 것 같습니다.

중1 때는 두 번의 단원 평가에서 첫 번째는 50점, 이번엔 30점을 받았어요. 뒷면은 답도 못 적고 그냥 낸 것 같아요. 어려운 문제는 물론 쉬운 문제도 다 틀렸고요. 학교 선생님은 아이가 아주 기본적인 걸 모르고 있다며 선행을 멈추고 기본 개념을 익혀서 보내라고 하시네요. 담임 선생님의 조언에 따라 아이와 함께 심리 상담을 받아 보았더니, 시험 때 잘해야겠다는 중압감 스트레스가 있다고 해요.

아이가 수학을 좋아하지는 않고, 예민한 성격에 학기 초에는 심리적으로 불안한 터라 수업 시간에 집중도 잘 못하고 있는 것 같아요. 무엇을 어디서부터 어떻게 해야 할지 난감합니다.

아이는 현재 사춘기라 제가 말도 조심스럽게 하게 되고, 문제집 한두 장 풀고 그만하겠다고 하는 아이라서 제가 잡아 두고 같이 공부하는 것도 사실 자신이 없어요. 과외를 시키면 선생님 말은 좀 듣지 않을까요?

중1이니 기본 개념부터 잡으면 최소한 수포자는 되지 않겠지요? 제가 어떻게 도와줘야 할까요? 아직 늦은 건 아니겠지요? 사실 너무 실망스러워서 속상합니다.

첫째, 엄마의 불안함과 욕심으로 학원에 보내 왔다.

둘째, 아주 기본적인 걸 모르고 있다.

셋째, 시험 때 잘해야겠다는 중압감 스트레스가 있다.

솔루션 Solution

아이가 수학 시간에 상당히 긴장하고 부담을 갖고 있어서 공부를 해도 잘 집중이 안 되고, 걱정으로 에너지를 소모해 버려서 공부하는 데 쓸 힘이 남지 않는 것으로 보입니다. 마음이 불안하거나 걱정이 많다면 정말 공부에 집중할 수가 없습니다. 공부하는 데 쓸 힘이 없어요. 불안으로부터 나를 보호하고 이겨 내는 데 다 쓰기 때문에 남은 에너지가 없는 것입니다. 그래서 학원을 계속 다녔는데도 시험 점수가 50점, 30점이 나온 것입니다.

아이가 수포자가 될까 봐 미리 걱정하지 말고, 마음을 편안하게 해 주시는 것을 지금 일차 목표로 세우면 좋겠어요. 아이의 마음이 편안해지는 게 가장 중요합니다. 마음이 편하지 않으면 아무리 지능이 높은 아이라도 공부하기가 어려워요.

아이가 80점만 받아도 칭찬을 해 주었는데 왜 아이는 자신감이 없을까요? 자신감은 점수에서 오는 게 아니라 점수에 대한 '해석'에서 생기는 것입니다. 한 연구 결과에 따르면, 객관적으로 만족하지 못하는 점수인데도 부모가 칭찬을 하면 아이는 '나는 부모가 기대하지 않는 아이구나.' 하고 생각합니다. 예를 들어 90점을 받은 동생에게는 "왜 100점을 못 받았니?" 하면서 80점을 받은 형에게는 "잘했어." 하고 말했다면, 형의 기분은 어떨까요? '엄마가 나한테는 기대를 안 하는구나.', '나는 이 정도만 하면 된다고 여기는구나.' 하고 생각하면서 자신감이 떨어집니다. 무조건 칭찬만 하지 말고, 엄마의 마음을 솔직히 말하는 것이 좋습니다.

사춘기부터 불안한 상태가 계속 이어지면 아이는 무기력해집니다. 공부 방법이나 그런 것은 아이한테 전적으로 맡기시고 대화를 해 보시기를 권합니다.

이 사연에 대한 저의 맞춤 솔루션은, '아이의 마음을 편안하게 해 주자.'입니다. 공부하는 태도나 마음가짐을 잘 다지는 것이 집중과 이해 면에서 상당한 도움이 됩니다. 따라서 과외 등의 학습 방법을 결정하기 전에 아이의 마음을 편안하게 해 주기를 권합니다.

수학을 포기하게
만드는 말

수학을 포기하게 되는 이유 중에는 수학 자체의 특성보다 수학을 가르치는 분들의 언행이 결정적인 경우가 상당히 많았습니다. 선생님이나 부모님이 평소 수학에 대한 부정적인 말이나 수학 점수와 관련해서 아이의 자존감을 떨어뜨리는 말을 자주 한다면, 아이는 수학에 대해서 좋은 감정을 갖기 힘들 것입니다. 구체적으로 어떤 말들이 아이로 하여금 수학을 포기하게 할까요?

"눈 질끈 감고 딱 고3까지만 수학 하자."

수학을 배우는 이유가 단지 대학 입시 때문이라고 생각하는 부모들은 "이때만 지나가면 수학이랑은 인연 끝이야. 눈 딱 감고 고3까지만 하자. 그 다음에는 평생 수학책 볼 일이 없을 거야."와 같은 말을 자주 합니다. 제가 상담한 어떤 엄마는 "사회에 나오면 하나도 쓸모없는데 솔직히 수학은 왜 가르치는 거죠?"라는 말을 하기도 했습니다.

수학을 공부하기 싫다는 아이에게 "나도 그랬어. 조금만 참아. 대학교에 들어가니까 수학 공부할 일이 없더라." 하며 위로의 말을 건네는 부모도 있습니다. 아이가 수학을 너무 부담스러워할까 봐 다독이기 위해서 이렇게 말하는 것입니다만, 평소 이런 말을 자주 듣는다면 아이는 어떤 생각을 할까요? '수학은 사실 내 인생에서 불필요해. 하지만 입시 때문에 억지로 해야 하는 과목이야.'라는 생각을 하게 됩니다.

쓸모는 없지만 어쩔 수 없이 배워야 한다는 생각을 가지고 수학 공부를 계속하기는 어렵습니다. 수학이 '입시 외에는 쓸데가 없는 과목'이라는 생각을 하게 되고, 이런 생각은 수학에 대해 부정적인 태도를 갖게 합니다. 따라서 어려운 개념이나 문제를 만났을 때 이겨내겠다는 동기와 힘이 부족해집니다. 쓸데없는 데 시간과 노력을 낭비하고 싶지 않다는 마음이 작동하는 것이지요. 수년간 억지로 겨우겨우 공부하다가 더 이상 못 하겠다 싶은 순간이 오면, '흥! 대학 안 가면 되지, 뭐.' 하고는 수학을 포기할 수도 있습니다. '대학에 진학하더라도 나는 절대 수학과 관련된 쪽으로는 안 할 거야.' 하며 수학과 영원히 선을 긋기도 합니다.

아이에게 "딱 고3까지만 수학 공부하자."라는 말을 하는 이유는 무엇일까요? 수학과의 인연이 평생 계속되는 게 아니라는 점을 강조하면, 아이가 지금은 힘들더라도 조금 더 참고 포기하지 않을 것이라고 생각하기 때문입니다. 과연 아이들도 그렇게 생각하고 힘을 낼까요? 오히려 정반대로 받아들이는 아이가 더 많습니다. 언젠가는 끝나니까 조금만 더 참자는 생각으로 힘을 내서 공부하는 아이보다는, 입시가 끝나면 수학도 같이 끝나는데 굳이 열심히 해야 하는지 모르겠다는 아이가 훨씬 더 많다는 것입니다.

실제로 제가 상담한 초등학생과 중학생 아이들은 "기껏 열심히 해 봤자 나중에는 다시 안 보게 될 과목이라니까 더 하기가 싫어요."라고 했습니다. '대학 입시가 중요하니까 눈 딱 감고 열심히 해야지.' 하고 생각하기는커녕 '잠깐 쓸 건데 굳이 열심히 해야 하나?' 하는 생각을 더 강하게 하는 것입니다.

고3까지만 하면 된다는 말도 진실은 아닙니다. 예를 들어 대학 입시를 마치고 취업을 할 때도 수학이 필요하기 때문입니다. 눈 딱 감고 고3까지만 하면 될 줄 알고 이후 수학과 이별한 대학생은 취업 앞에서 심한 배신감을 맛봅니다. 대기업이나 공기업의 신입사원 공채 인적성 시험에 나온 수학 문제를 보고 뒤통수를 맞은 기분이 들기도 합니다. 수학이 대학 입시에서 중요한 과목이긴 하지만, 그렇다고 학교 수학 12년의 최종 목표가 대학 입시인 것은 아니라는 사실을 그제야 깨닫게 됩니다.

취업을 할 때는 수학이 필요 없었지만 어떤 계기로 인해 다른 선택을 하게 되거나, 직업상 어쩔 수 없이 수학이 필요한 경우가 생기기도 합니다. 수학이 고등학교 때까지만 필요한 게 아니라 그 이후에도 필요하다는 것을 그제야 깨달으면서 배신감과 함께 좌절을 느낍니다. 다시 시작하기에는 손을 놓은 지 너무 오래되어 엄두가 나지도 않습니다.

'대학 입학까지만' 수학이 필요하다고 생각하는 아이와 '대학 졸업 이후에도' 필요하다고 생각하는 아이가 수학을 대하는 태도는 어떻게 다를까요? 한번 공부하면 평생 길게 쓸 수 있는 과목과 한때 잠깐 공부하면 되는 과목 중에서 아이는 어느 과목에 더 정성을 쏟을까요?

"눈 질끈 감고 고3까지만 하자."라는 말 대신, "수학은 한번 배우면 평생 길게 쓸 수가 있어."라고 말하는 것이 좋습니다. 실제로 그러니까요!

"나도 수학 참 싫어했어."

수학 공부를 힘들어하는 아이에게 "네가 수학 싫어하는 거 정말 이해해. 나도 수학 싫어했거든. 대체 누가 수학 같은 걸 좋아하겠니?" 하는 분들이 있습니다. 수학은 자신뿐 아니라 누구나 싫어하는 과목이 분명하다고 확신하는 마음에서 이렇게 말합니다. 어쩌면 학창 시절 겪은 수학에 대한 트라우마가 수십 년이 지나도 사라지지 않아서 이렇게 말하는 것일 수도 있습니다.

공부하기 힘들어하는 아이의 입장에서 보자면, "그게 뭐가 힘드니?"라는 말보다는 "수학 공부 힘들지? 나도 네 마음 이해해."라는 말이 더 와 닿습니다. 자신의 고단함을 인정하고 공감해 주는 말이기 때문입니다. 아이도 힘을 얻어 "아니에요. 그렇게 힘들지는 않아요."라고 응답하기도 합니다.

　"수학 공부 힘들지?" 하고 딱 여기까지만 말하면 좋은데, "나도 수학 참 싫어했어. 누가 수학을 좋아하겠어?"라는 말을 보태는 게 문제입니다. 더 나아가 "내 평생 수학 좋아한다는 사람은 한 명도 못 봤다."라는 말까지 덧붙이기도 합니다. 이렇게 말하고 나서는 "근데 뭐어쩌겠니? 무조건 해야지."라는 결론을 내립니다.

　이런 말을 자주 들은 아이는 어떤 생각을 할까요? '모두가 싫어하는 수학을 나는 잘해 봐야지!'라고 결심하는 아이는 극히 적습니다. "수학 좋아하는 사람은 아무도 없다."라는 말이 진실이 아님에도 아이는 '다 싫어한다고? 그럼 수학을 싫어하는 내가 정상인 거네.'라고 생각합니다.

　하고 싶지 않은 일을 억지로 시키기는 참 어렵습니다. '누구나 다 싫어하는데 어쩔 수 없이 배우는 과목'이라는 선입견을 아이에게 심어 준다면, 최소 12년 동안 내내 수학 공부 시키기는 매우 어려울 것입니다.

　"나도 수학 참 싫어했어."라는 말 대신, "수학 어렵지? 근데 어려운 만큼 보람도 있어."라고 말해 주세요. 이 말은 "누가 수학을 좋아하겠니? 이런 걸 왜 배우나 몰라."라는 말과는 전혀 다른 긍정적 태도를

갖게 합니다. 수학이 어렵다는 데 공감하는 한편, 어려움을 극복하면
보람이 있다는 것을 강조하기 때문입니다.

"수학은 네 미래를 결정해!"

번번이 아이 앞에서 "수학 못하면 끝장이야. 수학이 네 미래를 결
정해!"라고 말하는 분이 있습니다. "수학이 네 평생의 삶을 좌우해."
라고 힘주어 말하기도 합니다. 수학만 생각하면 지긋지긋하다는 표
정으로 "이때만 지나가면 수학이랑은 인연 끝이다."라고 말하는 분
들과 달리, 수학의 장기적인 중요성을 강조하는 것입니다. 그런데 강
조를 해도 너무 지나치게 한 게 문제입니다.

제가 상담한 초등 2학년 학부모는 아이에게 수학의 중요성에 대
해 틈만 나면 힘주어 이야기했다고 합니다. "수학을 못하면 좋은 대
학에도 못 가고, 좋은 직업도 구할 수 없어. 그러니 수학을 못하면 네
인생은 별 볼일 없어지는 거야. 알겠니?"라고 힘주어 말하곤 했는데,
아이가 전혀 귀담아듣지 않더랍니다. 그런 아이의 태도가 답답했던
엄마는 급기야 "너는 왜 네 미래에 대한 말인데 그렇게 관심이 없는
거니?" 하면서 화를 냈다고 합니다.

아이는 왜 귀담아듣지 않았을까요? 중학생도 아닌 초등학생, 그것
도 2학년 아이가 실감할 수 없는 말이기 때문입니다. '대학'이나 '평
생'은 아이에게 너무 먼 미래입니다. 이미 길을 다 지나온 사람이 왔

던 길을 되돌아보는 마음과, 이제 처음으로 내딛는 사람의 마음이 같을 수 없습니다. 어떤 길을 한번 지나간 어른은 그 길이 어디로 향하는지, 얼마나 중요하고 얼마나 힘든지 이미 경험했기에 잘 압니다. 하지만 아직 살아온 날이 얼마 되지 않은 아이들에게는 와 닿지 않을 뿐입니다.

"수학이 네 인생을 결정한다."는 말을 자주 들으면 아이는 어떤 생각을 하게 되고, 수학에 대해 어떤 느낌을 갖게 될까요? "수학을 못하면 큰일 난다."는 말은 듣기에도 무시무시한 경고나 협박처럼 여겨집니다. 아이가 이런 말을 자꾸 듣다 보면 자신의 미래를 위해 단단히 각오하며 수학 공부에 열중할 것 같지만, 오히려 겁을 먹고 수학을 피하게 됩니다. "수학이 네 인생을 결정한다."는 말은 수학을 열심히 하도록 이끄는 말이 아니라 포기하게 만드는 말입니다.

수학 공부의 시작점부터 두려움을 갖고 긴장하는 것은 앞으로의 학습에 도움이 되지 않을뿐더러 오히려 큰 방해가 됩니다. 수학이 인생에서 결정적인 역할을 한다는 말은 '수학이라는 세상'에서 아이들을 내쫓는 말입니다.

사실, 수학이 인생을 결정한다는 말도 이제는 옛말입니다. 어느 한 과목이 한 사람의 인생을 단번에 결정짓는 시대는 지났습니다. 학생에 대한 평가는 학생의 수행 능력을 종합해서 판단하는 쪽으로 바뀌고 있습니다. 수학을 못하면 다른 과목을 잘하면 됩니다. 수학 한 과목으로 인생이 결판난다는 것은 수학을 지나치게 우상화하는 것이며 과대망상입니다.

그렇다면 어떻게 말하는 게 좋을까요? "넌 꿈이 자주 바뀌잖니? 그러니까 어쩌면 네가 나중에 진짜 하고 싶은 직업을 고를 때 혹시 수학이 필요할 수도 있어."와 같은 말을 해 주면 좋습니다. 여기서 중요한 것은 '필요하다.'고 말하는 게 아니라, '필요할 수도 있다.'라고 말하는 것입니다. 실제로도 그렇고, 단정적으로 말하는 것보다는 여지를 남겨 두는 것이 훨씬 효과적입니다.

> ✉ 축구 선수가 꿈인 아들에게 "축구 선수도 어느 대학을 나왔는지가 중요해."라고 얘기해 주었어요. 현실이 그렇잖아요? "네가 아무리 축구를 잘해도 대학을 안 나오는 것보다는 대학을 나오는 게 좋고, 이왕이면 명문대를 나오는 것이 좋아."라고 얘기하고 있어요. 좋은 대학을 나오려면 수학을 잘해야 하니까, 축구 선수가 꿈이라도 수학을 잘해야죠. (초6 아들 엄마)

엄마가 이렇게 말하는 첫 번째 이유는, 아이의 꿈이 자주 변하기 때문입니다. 축구 연습만 하다가 수학을 소홀히 했는데 어느 날 아이의 꿈이 의사로 바뀌어서 수학을 잘해야 하는 상황이 온다면 큰일이라고 생각하는 것입니다. 꿈이 자주 변하니까 만약을 대비해서 평소 수학 공부를 성실히 하도록 하려고 이런 말을 합니다. 엄마의 이런 말을 어떻게 생각하느냐는 저의 질문에 아이는 "억지 같아요."라고 했습니다.

엄마가 이렇게 말하는 두 번째 이유는, 직업이 무엇이든 어느 대학을 나왔는지가 중요하다고 생각하기 때문입니다. 또한 대입에서는 수학이 결정적 역할을 하므로 아이가 축구 선수가 되는 꿈을 계속 이어가더라도 수학을 놓으면 안 된다고 생각하는 것입니다. 초등학교 아이들이 학벌의 중요성에 관한 한 부모가 생각하는 것만큼 절실하게 받아들이기는 어렵습니다.

한편, 아이의 현재 꿈이 무엇이든 무조건 수학과 연결하는 분도 있습니다.

> ✉ 2학년 딸아이는 한때 과학자가 되고 싶다고 했는데 지금은 3년째 사육사가 꿈이라고 얘기해요. 그래서 "사육사는 동물들의 몸무게에 맞춰 먹이를 계산해서 줘야 해. 그러니 엄마랑 차근차근 문제집 1장씩만 풀어 보자."라고 했습니다.　　　　　　　　(초2 딸 엄마)

이 아이는 엄마의 말에 공감했을까요? 아이 입장에서 봤을 때는 일단 수학을 공부해야 한다는 것을 전제로 이유를 짜 맞춘다는 느낌이 듭니다. 엄마는 아이가 문제집을 풀게 하는 데 성공했을까요? 당장은 성공할지 모릅니다. 동물을 좋아하는 이 2학년 아이는 동물들에게 먹이 주는 상상을 하며 문제집을 폈을 것입니다. 엄마는 계산으로 이루어지지 않은 단원이 나올 때마다(예를 들어, 도형이나 규칙 찾기) "동물 우리를 만들려면 도형을 알아야 해."라고 하거나, "동물들이 규칙적으로 먹이를 먹게 하려고 규칙 찾기를 배우는 거야." 하는 등 이유를 만들어 아이를 설득합니다. 지금 해당 단원을 풀어야 하는 이유를 어떻게든 만들어서 '사육사'라는 아이의 꿈과 연결해 수학 공부로 이끌어야 할 것입니다. 이게 과연 언제까지 가능할까요?

이런 식으로 수학 공부를 유도한다면 곧 한계에 부딪히고 맙니다. 설득하는 사람도 때때로 무안하고, 아이도 '내가 배우는 수학이 정말 내 직업에 필요한 건가?' 하는 생각이 들어 엄마의 말에 점점 신뢰를 갖기 어렵습니다.

"네 꿈이 뭐든 '반드시' 수학을 잘해야 해."라고 힘주어 이야기하기보다는, "수학은 네 인생에 도움이 돼."라는 말이 더 설득력이 있으며 수학에 대한 호감도를 키웁니다.

수학을 싫어한다는 초등 3학년 여자아이와 이야기를 나누던 중 아이가 반장이 되고 싶어 한다는 것을 알게 되었습니다. 활발한 성격의 이 아이는 친한 친구들에게 자기를 뽑아 달라며 선거 운동도 하고 있다고 했습니다. "네가 보기에 어떤 아이가 반장이 되는 것 같아?" 하고 물었더니, "요즘 아이들은 공부 잘하는 아이를 좋아해요. 누가 공부를 잘하면 쉬는 시간에 걔한테 가서 말도 붙이고 친하게 지내려고 해요."라고 하더군요. 저는 이때다 싶어 "그래? 그럼 이번 단원 평가에서 100점에 도전하는 건 어때? 그럼 아이들이 깜짝 놀랄걸? 그리고 네 곁으로 몰려오지 않을까?"라고 말했습니다. 아이는 순간 그런 장면을 상상한 듯 "아! 그러면 되겠네요." 하면서 눈을 반짝였습니다.

이 아이의 경우는 대중의 인기를 얻고 싶어 했고, 공부를 잘하면 인기가 많다고 생각하고 있었습니다. 하지만 수학을 잘해서 인기를 얻을 수 있다고는 생각하지 못했고, 수학 만점을 반장이 되기 위한 효과적인 전략으로 생각하지도 못했습니다. 수학과 반장이라는 고리를 서로 연결해서 "수학은 네가 반장이 되는 데 큰 도움이 될 거야." 하고 이야기해 준 것이 아이에게 크게 와 닿았던 것입니다. 수학을 잘하는 것은 분명 아이의 인생에 도움이 됩니다. 못하면 큰일 난다는 것을 강조하면 우울하고 기분이 나빠지지만, 잘하면 좋은 일이 생긴다는 것을 강조하면 기분이 좋아집니다. 설득력도 있습니다.

수학에 대한 지나친 강조는 아이들에게 오히려 역효과를 가져다줍니다. 일방적으로 강조하거나 협박처럼 들리는 말을 하면 아이들은 수학으로부터 도망가고, 결정적인 순간에 수학을 놓아 버립니다. 수학 학습 결과가 가져오는 효과를 대학이나 직업 등 너무 먼 미래와 연결해서 이야기하면 아이에게 와 닿지도 않습니다.

아이가 귀담아들을 수 있게 말해야 합니다. 아이의 눈높이에서, 지금 아이가 관심을 두고 있는 바로 그 사건이나 대상을 수학과 연결해서 자연스럽게 슬쩍 흘려 이야기하는 것이 중요합니다. 그리고 긍정적으로 이야기해야 합니다.

"수학 머리가 없어서 어떻게 하니?"

아이 앞에서 안타까운 표정을 지으며 "너는 어쩜 그렇게 수학을 못하니? 아무래도 머리가 나쁜 것 같네."라고 말하는 분들이 있습니다. 수학 머리는 따로 있다고 생각하기 때문에 그저 안쓰럽게 생각해서 하는 말입니다. 하지만 이런 말을 자주 들은 아이는 어떤 생각을 하게 될까요? '아, 나는 수학을 못하는 아이구나.'라고 스스로를 단정 짓게 됩니다. 저학년 때는 한 귀로 듣고 흘리더라도 고학년 정도 되면 '머리가 나쁜 걸 어쩌라고?' 하고 반발하면서 더 이상 노력하지 않고 수학을 포기합니다. 어른들은 왜 이런 말을 하는 걸까요?

1, 2, 3, 4를 처음 가르치는 초보 부모는 아이가 척척 받아들이기를 기대합니다. 그런데 아이가 기대만큼 빠르게 답하지 못하면 실망스럽기 짝이 없습니다. '이렇게 쉬운 걸 못하네…. 우리 아이는 수 감각이 떨어지는구나.' 하고 단정 짓고는, '어떻게 해야 할까? 공부가 아닌 다른 길을 찾아봐야 하나?' 하면서 상심에 빠지기도 합니다.

어른들이 생각하기에 1, 2, 3, 4를 익히는 것만큼 쉬운 일은 없습니다. 하지만 그렇지 않습니다. 유아가 1, 2, 3, 4를 배우는 것은 중학생이 미적분을 배우는 것보다 훨씬 어려운 수준입니다. 과자를 셀 때는 '하나'라고 하고, 1등이라고 말 할 때는 '일'이라고 하며, 숫자로는 다 똑같이 '1'이라 쓴다는 것을 터득하기란 매우매우 어려운 일입니다. 태어난 지 몇 해 만에 개수를 세고 숫자를 쓴다는 것이 아이들 입장에서 단번에 쉽게 되는 일은 아니라는 것입니다.

많은 부모가 수학을 잘하는 '수학 머리'가 따로 있다고 생각합니다. 그런데 수학 머리가 있는지 없는지는 어떻게 알 수 있을까요?

✉ 우리 아이는 연산 속도가 빠른 편이며 거의 정확하게 하는 편이라 제가 보기에는 수 감각이 좋은 것 같습니다.　(초1 아들 엄마)

✉ 유아 때부터 책을 좋아하고 말과 글로 표현을 분명히 하는 편이라 학교 공부는 잘 따라가겠지 싶었어요. 그런데 1학년 들어가서 알게 됐는데 시계 보기, 도형 감각, 덧셈과 뺄셈, 수의 비교 이런 쪽이 상당히 느리더군요. 이런 걸 보면서 우리 아이가 수 감각이 좀 부족하다는 생각이 들었어요. (초4 딸 엄마)

엄마는 아이가 수학적으로 감각이 있는 편인지 아닌지를 문제 풀이 속도를 기준으로 판단하고 있었습니다. 연산 문제를 빨리 풀면 연산 감각이 좋은 것이고, 연산 문제를 느리게 풀면 연산 감각이 떨어지는 편이라는 것입니다. 이런 수학 감각이 선천적인 것이라고 생각하면서도 어떻게 하면 감각을 키울 수 있을까 고민하고 있었습니다.

학부모들을 상대로 조사한 결과 많은 부모가 "수학 잘하는 머리는 따로 있다고 생각한다."고 답했습니다. 즉, 수학 머리는 타고난다는 것입니다. 부모 자신에 대해서 어떻게 생각하느냐는 질문에는 "나는 수학 머리가 있는 쪽인 것 같다."거나, "나는 수학 머리가 없는 편이라고 생각한다."고 답했습니다. 아이들은 어떨까요? 저학년 아이들에게 물어보았더니 대부분 "나는 수학 머리가 있다고 생각한다."고 답했습니다. 평소 자녀가 수학 감각이 없다고 생각했던 한 엄마는 아이의 이런 답에 어이가 없다는 듯 웃으며 "아직 자기 자신을 잘 모르네요."라고 말했습니다.

아이들은 자신에게 수학 머리가 있는지 없는지 자체를 생각하지 않습니다. 누가 "넌 수학 머리가 있구나!" 하고 말하면 뭔지 몰라도 칭찬인 것 같아 기분이 좋을 뿐입니다.

그렇다면 수학 머리가 없다는 것은 왜 걱정거리일까요? "수학 머리가 없어서 걱정이다."라는 말의 밑바탕에 수학은 사고력이나 논리력을 '키우는' 과목이 아니라, '평가'하는 과목이라는 생각이 자리하고 있기 때문입니다. 수학은 우수 학생을 '선발'하는 것을 목표로 하는 과목이라고 생각하고 있기 때문에 이런 걱정을 하는 것입니다.

실제로 한 중학교 1학년 아이는 "수학은 머리 좋은 아이들을 골라내기 위해 존재하는 과목이에요."라고 말했습니다. 누구한테 들었냐고 물었더니 선생님들과 부모님, 즉 주변의 어른들에게서 들었다고 했습니다. 이 아이는 수학 공부를 하면 머리가 점점 좋아진다고 생각하는 게 아니라, 머리가 좋아야 수학을 잘한다고 생각하고 있었던 것입니다.

"너는 수학 머리가 없는 편이라 참 걱정이다."라는 말을 자주 듣는 아이는 어떤 생각을 하게 될까요? 특히 성격이 소심한 아이라면 자신의 사소한 실수에도 '역시… 나는 머리가 나빠서 안 돼.'라고 낙담을 하고, '머리가 나쁜데 어떻게 수학 공부를 잘할 수 있겠어.' 하는 생각이 들어 수학을 쉽게 포기하고 맙니다.

이런 아이에게 "너는 수학 머리가 없는 편이지만 그러면 어때? 노력하면 되지!" 하고 말하면 과연 위로가 될까요? 수학 머리가 없다는 말에 이미 아이의 기분은 상할 대로 상해서 노력하면 된다는 말이 귀에 들어오지 않을 수도 있습니다. "어머, 저는 절대 아이에게 대놓고 그렇게 말하지 않아요. 그런 말은 치명적이잖아요. 저는 늘 '너는 할 수 있어!' 이렇게 말하고 있어요."라고 말하는 분도 있었습니다. 하지만 '할 수 있다.'는 말은, 지금은 잘 못하고 있다는 의미로 들릴 수도 있습니다.

학교 수학은 수학 머리가 있는지 없는지 '평가'하는 과목이 아닙니다. '길러 주는' 과목입니다. 학부모들에게 아이가 수학을 왜 배워야 하는지를 물어보면 가장 먼저 나오는 대답이 "사고력을 길러 주기 위해서 수학을 배우죠."입니다. 분명 사고력을 '평가'하기 위해서가 아니라, 사고력을 '길러 주기' 위해서라고 대답한 것입니다. 그런데 뒤이어서 "그러니까 수학 머리를 타고난 아이들은 사고력도 높으니까 학교 수학 공부가 수월하겠죠."라고들 합니다. 이게 무슨 말일까요?

많은 부모가 학교 수학 공부를 통해서 사고력이 길러진다고 대답하면서도 진정 그렇게 생각하는 것 같지는 않습니다. 수학을 배우는 동안 아이들의 사고력이 점점 높아진다고 인정하는 경우에도, 애초에 수학 머리를 가지고 태어난 아이들을 당해 낼 수는 없다고 생각하는 것 같습니다. 정말 그럴까요?

한 연구 결과에 따르면, 지능과 학업 성취 간의 상관관계 지수는 0.45 정도였습니다. 상관관계 지수가 1이라면 정비례하는 관계인데, 0.45는 상관관계가 그리 높은 편이 아니라서 지능이 높은 것과 수학 성적이 좋은 것은 상관이 깊다고 말할 수 없습니다. 또 다른 연구에서는 지능이 학업 성취에 미치는 영향은 15~30퍼센트 정도라고 했습니다. 이 연구에 따르면, 지능보다는 '성격'이 성취에 더 큰 영향을 미쳤습니다.

교사들은 '지능은 낮은 편이지만 학교 성적이 높은' 아이도 많고, '지능은 높지만 학교 성적이 낮은' 아이가 의외로 많다는 것을 학교 현장에서 직접 목격하고 있습니다. 아이의 수학적 이해력은 엄마 뱃속에서부터 타고나는 것이 아니라, 자라면서 수학 학습을 통해 점차 높아지는 것입니다.

우리 아이들이 배우는 수학은 '학교 수학'입니다. 이는 초·중·고 12년 학창 시절 동안 누구나 배우는 수학을 말합니다. 따라서 학교 수학은 학교에 다니는 학생 누구나 배울 수 있는 내용으로 되어 있습니다. 중1이 된 아이들이 배우는 수학이 '중1 수학'이고, 고3이 된 아이들이 배우는 수학이 '고3 수학'입니다. 이과 수학이라고 해도 학교 수학 범위 안에 있으며, 이과 쪽 진로를 택한 모든 아이가 배울 수 있는 수준의 내용으로 되어 있습니다. 수학 머리가 있건 없건 상관이 없습니다. 관심을 가지고 노력하면 누구나 만점을 받을 수 있습니다. 물론 아예 수학에 관심이 없거나 노력을 안 한다면 좋은 점수를 받지 못할 수밖에 없지요. 아이들이 이렇게 된 본질적인 원인이 아이 자신에게 있을까요? 수학에 대한 관심을 없앴거나 아이가 노력하지 않게 만든 어른들 때문은 아닐까요?

아이들에게 수학 머리 운운하는 말은 정말 삼가 주세요. "학교 수학은 누구나 잘할 수 있어.", "수학을 배우면 점점 똑똑해져."와 같은 말을 많이 해 주시기 바랍니다.

"요즘 수학은 왜 이렇게 어려운 거야?"

수학 교과서나 문제집을 들여다보면서 "어머나, 세상에. 요즘 수학 문제는 왜 이렇게 어렵니? 우리 때는 쉬웠는데." 하는 분들이 있습니다. 이런 분들은 학창 시절 이후 지금까지 수학 교과서를 들여다본 적이 한 번도 없으신 겁니다. 아이를 가르치기 위해 정말 오랜만에 수학책을 펼친 분들이 보기에는 요즘 수학이 너무 어렵습니다. 부모님 시대의 그 수학과는 다른 방식과 관점으로 전개되기 때문입니다.

> ✉ 예전 우리 때는 답만 알면 됐는데, 요즘엔 여러 가지 방법으로 풀라고 하고, 풀이 과정도 쓰라고 하고, 문제도 길고, 서술형은 또 어떻게 쓰라는 건지…. 진짜 초등학교 수학이 왜 이렇게 어려운 건지 모르겠어요.
> (초2 딸 엄마)

수십 년 전의 수학이 오직 결과만을 중요시했다면, 요즘 수학은 '과정'을 중요시합니다. '52−14'를 계산한 결과 정답인 '38'을 얻기 위해 어떤 과정을 거쳤는지를 중요하게 여긴다는 것입니다. '풀이 과정은 옳았는데 실수로 숫자를 잘못 쓴 경우 답이 틀렸다고 해서 아예 점수를 안 주는 것은 교육적으로 바람직하지 않다. 과정을 살펴보아야 한다.'는 취지에서 결과에만 점수를 주던 과거의 시스템을 바꾸기 시작했습니다.

이후 수학 교육 과정은 결과보다는 과정을 중시하는 방향으로 바꾸었고, 한 가지 방법보다는 다양한 방법으로 해결하는 것을 장려하고 있습니다. 하지만 오랫동안 수학을 멀리했다가 자녀를 지도하면서 처음 교과서를 보게 된 부모들은 모든 게 낯설기만 합니다. 고개를 절레절레 흔들며 "요즘 수학은 너무 어렵다."고 말하곤 합니다. 요즘 수학이 옛날 수학과 달라지긴 했지만, 그렇다고 해서 어려워졌다고 단정할 수는 없습니다. 게다가 내용도 많이 줄었습니다.

어른들이 "요즘 수학은 왜 이렇게 어렵지?"라고 하는 말을 자주 듣는다면 아이들은 어떤 생각을 하게 될까요? '내가 한번 풀어 보니까 별것 아니던데?' 하고 생각하는 아이보다는, '어떻게 하지?' 하면서 지레 겁을 먹는 아이가 더 많습니다. 아이는 어른들이 배웠던 예전 수학을 배운 적이 없습니다. 따라서 옛날 수학이 얼마나 어려웠는지, 얼마나 쉬웠는지, 지금과 어떻게 다른지 전혀 알지 못합니다. 게다가 어렵다거나 쉽다는 것은 순전히 어른 개인의 경험과 느낌으로 판단하는 것일 뿐입니다.

좋거나 싫은 것은 자신의 기호에 따른 '정서적' 판단이지만, 어렵다거나 쉽다는 것은 '인지적' 판단입니다. 인지적 판단은 학습됩니다. 만약에 어떤 아이가 생전 처음 호랑이를 보았다면, 평소 자주 보아 온 고양이를 떠올리며 호랑이도 '귀엽다'고 느낄 수 있습니다. 그런데 그 옆에서 부모나 어른이 "어머나! 무서운 호랑이네! 잡히면 큰일 나."라고 한다면, 그때부터 아이는 덜덜 떨 것입니다. 호랑이의 공격을 받아서 스스로 느낀 게 아니라, 어른들의 말을 통해 호랑이는 무섭다고 받아들였기 때문입니다.

수학에 대해 아무 선입견이 없는 아이가 부모나 선생님으로부터 "요즘 수학은 어렵다."는 말을 자주 듣는다면, 요즘 세상에 태어난 게 억울하다는 생각이 들어 수학 공부가 더욱 하기 싫어집니다.

"요즘 수학은 왜 이렇게 어려운 거야?"라는 말 대신, "와~ 요즘은 이렇게 배우는구나." 하면서 "우리 때보다 양은 줄어들었네."라고 덧붙여 주세요. "예전에는 이해하지 않고 무조건 외워서 푸느라 수학이 어렵다고 생각했는데, 요즘 수학은 이해를 돕는 활동도 많이 해서 쉽고 재밌겠구나."라고 해 주시면 더욱 좋습니다. 사실이 그렇기도 하고, 수학에 대한 편견 없이 긍정적인 자세로 수학을 바라보도록 돕는 말이기 때문입니다.

"학년이 올라가면 수학은 점점 어려워져."

아직 중학교 수학을 배우지도 않은 초등학생에게 "초등학교 수학은 쉽지만, 중학교 수학은 차원이 달라. 학년이 올라가면 엄청 어려워져."라고 말하는 분들이 있습니다. "초등학교 수학은 산수지만 중학교 수학은 진짜 수학이다."라고 하거나, "고등학교 수학은 장난 아니야."라고 하면서 수학에 대한 부정적인 말을 쏟아 냅니다. 지금 배우는 수학이 쉽다고 느슨하게 생각하지 말고 마음 단단히 먹으라는 뜻에서 엄포를 놓는 것입니다.

제가 상담한 초등 1학년 엄마도 "수학은 한번 모르면 나중에는 하려고 해도 기초가 없어서 할 수 없게 돼."라는 말을 아이에게 자주 한다고 했습니다. 하지만 아직 1학년인 아이로서는 '기초'라는 말이 무엇인지조차 이해하기가 어렵습니다. 2와 8을 모아 10을 만드는 것은 '12+18'을 계산할 때 기초가 되며, 10을 3과 7로 가르는 것이 '30-17'을 계산하는 기초가 된다는 것을 아직은 모르기 때문입니다. 아이는 그저 지금 배우는 걸 잘하면 충분하다고 생각합니다.

받아올림 계산을 처음 배워 어려움을 느끼는 아이에게 "지금 배우는 건 아무것도 아니야. 고학년 수학은 진짜 어려워."라고 한다면 아이는 수학에 대해 어떤 느낌을 갖게 될까요? '아 어떡하지? 여기서 더 어려워진다니 큰일이네. 내가 잘할 수 있을까?' 하며 불안할 것입니다. 자신감을 키우기는커녕 아직 배우지도 않은 중학교 수학에 대해 지레 겁을 먹고 두려움을 갖게 됩니다.

아이가 소심한 편이라면 수학에 대한 두려움은 더욱 클 것입니다. 어른들은 아이가 기초 공부를 열심히 했으면 하는 바람에서 이런 엄포를 놓지만, 만약 그 아이가 걱정이 많고 예민한 편이라면 시작도 하기 전에 수학에 등을 돌리고 맙니다. 그렇다면 예를 들어 비교적 대범한 성격의 아홉 살 아이에게 이런 말을 자주 하는 것은 효과가 있을까요? 아이가 귓등으로 들어서 하나 마나 한 이야기가 됩니다. 기초가 무엇인지, 심화가 무엇인지 아직 모르는 아이에게는 와 닿지 않는 잔소리일 뿐이니까요.

"수학은 점점 어려워지고, 한번 놓치면 나중에 할 수 없게 된다."는 말 대신, "지금 열심히 하면 나중에 공부하기가 더 쉬워."라고 말해 주세요. "기초가 없으면 나중에 고생한다."라는 말 대신, "지금 배우는 걸 잘하면 나중에는 더 잘할 수 있어."라고 해 주세요. 새로운 것을 두려워하는 성향의 초등학생에게는 "중학 수학이라고 해서 겁먹을 필요는 없어."라는 말이 더 도움이 됩니다. "겁먹을 필요 없어. 수학만 어려워지는 게 아니고, 너도 자라지 않니? 수학만 앞으로 가고 너는 제자리에 있는 게 아니야. 키도 크고, 손목도 단단해지고, 뇌도 자라고 사고력도 자라니까 너도 잘할 수 있어."와 같은 말이 힘을 내게 합니다.

"설마 너도 수포자가 되는 건 아니겠지?"

수포자가 늘고 있다는 뉴스에 학부모들의 한숨도 깊어 갑니다. "수학을 포기한 아이들이 갈수록 늘어난다는구나. 어쩌면 좋니? 설마 너도 수포자가 되는 건 아니겠지?" 하면서 아이를 봅니다. 아직 어린 초등 저학년 학부모들조차 혹시 내 아이도 수포자가 되지 않을까 하는 염려를 많이 하고 있습니다. 아이가 취학 전인데도 미리 걱정을 하는 예비 학부모가 많고, 학년이 올라갈수록 걱정도 더욱 커집니다.

✉ 아이가 하고 있는 것을 보면 답답해서 "야! 너 그러다 수포자 되는 수가 있어. 엄마가 수포자여서 너는 그렇게 안 만들려고 했는데, 진짜 너까지 그럴래?" 하는 말이 절로 튀어나와요.   (중1 아들 엄마)

속으로 계속 생각하다 보니 무심코 이런 말이 밖으로 나오기도 합니다. "설마 너도 수포자가 되진 않겠지?"라는 말을 자주 듣는다면 아이는 어떤 생각을 할까요? '아, 다들 수학을 포기하는구나. 쳇, 나라고 별 수 있겠어?' 하고 생각할 것입니다.

아이 앞에서 부모가 이런 걱정을 대놓고 하는 이유는 무엇일까요? 절대 그렇게 되지는 말았으면 하면서도 마음 한 켠에 '혹시라도 그렇게 되면 어쩌지?' 하는 염려가 드는 것을 못 참기 때문입니다. 어쩌면 내 아이가 설사 수포자가 된다 하더라도 내 아이만 특히 못나서 그런 건 아니라고 스스로를 위로하고 싶기 때문일 수도 있습니다. 워낙 수포자가 많다니까 그중 한 명이 되더라도 너무 충격을 받지 말자고 다짐을 하는 것이지요.

"너, 그러다 망한다."처럼 미래에 대한 부정적인 말을 자꾸 듣다 보면 아이도 자신에 대해 부정적인 생각을 하게 됩니다. 다섯 살 때부터 부모에게서 수학에 대해 부정적인 이야기를 계속 들어 왔다는 초등학교 5학년 아이는 수학 자체를 혐오하고 있었습니다. 부정적인 말을 자꾸 들으면 누구나 부정적으로 생각하게 됩니다.

아이들의 수학에 대한 각종 오해와 편견은 처음부터 스스로 생각해 낸 것이 아닙니다. 어른들이 무심코, 때로는 의도적으로 자주 하는 부정적인 말이 아이 마음에 새겨진 것입니다. 부정적인 생각에 한번 사로잡히면 긍정적인 쪽으로 생각을 돌리기가 어렵고, 불안한 마음은 점점 더 불안해집니다. 아무리 불안해도 아이 앞에서 드러내지 마세요. 수포자는 내 아이와 거리가 멀다고 생각하시기 바랍니다.

"우리 딸은 수포자하고는 거리가 멀지.", "우리 아들이 수포자가 되는 일은 없을 거야."와 같은 말도 하지 마세요. 수포자 운운하는 말은 아예 안 꺼내는 게 좋습니다.

지금까지 살펴본 수학에 대한 부정적인 말들은 아이들이 일상에서 흔히 듣는 말이며 수학에 대해 거부감을 갖게 하고, 급기야 수학을 포기하는 길로 이끕니다. 수학에 대한 공포나 좌절을 주는 말을 할 게 아니라, 수학에 호감을 갖고 긍정적으로 생각할 수 있는 말을 자주 해 주세요. 그러면 아이들은 '수학 별것 아니야. 나도 잘할 수 있어.' 하고 긍정적으로 생각하며 자신감을 갖게 됩니다.

수학을 싫어했던 엄마의 트라우마, 어떻게 하죠?

저는 세 아이를 키우는 엄마입니다. 큰아이를 키울 때 아이가 수학을 너무 두려워하고 어려워하는 바람에 정말 고된 시간을 보냈어요. 이제 6학년이 된 큰아이는 어느 정도 자리를 잡은 것 같은데, 4학년 아이와 2학년 막내가 또 난관에 부딪혔습니다.

사실 저는 학교 때 수학을 너무 두려워하고 싫어해서 포기한 채 문과에서 찍기 수학으로 시험을 보곤 했어요. 수학에 대해 알려고도, 문제를 풀려고도 하지 않았습니다. 그런데 저의 트라우마를 제 아이들을 통해서 다시 보게 되니 참 속상해요. 가르치기도 힘들고, 아이가 못 풀어서 어려워하는 모습을 보면 제가 화가 나고 짜증 나다가 두려워지기까지 합니다. 4학년 아들은 분수와 나눗셈에서 어려워하고, 2학년 딸은 두 자리 수 뺄셈과 덧셈을 어려워하네요. 남편은 아이를 가르치다가 혼내고 다그치고… 본인 기분 따라 그럽니다.

학원을 보낼까, 아님 내가 공부를 해야 하나 수시로 제 마음이 이랬다저랬다 정말 혼란스럽습니다. 사회를 탓하고, 수학책을 탓하면서 이렇게 수학 때문에 아이의 자존감과 자신감에 상처를 주면서까지 시켜야 하나 싶은 생각에 회의감이 들 때도 많습니다.

　부모는 자식을 가르칠 수 없다고 공자께서도 말씀하셨는데, 저는 아이들을 다독이고 사랑만 주고 싶지 수학 선생이 되어 아이들을 다그치고 싶지는 않은 게 솔직한 마음입니다. 아이들은 당연히 수학이 어렵고 힘들 거예요. 속도도 맞춰 가야 하니 너무 벅차고…. 아이들에게서 제 수학 트라우마를 보는 것 같아 속상하고 걱정입니다.

첫째, 수학을 포기했던 엄마의 트라우마를 아이들을 통해서 다시 보게 되어 화가
　　　나고 두렵다.

둘째, 6학년이 된 큰아이는 이제 어느 정도 자리를 잡았다.

셋째, 엄마는 수학이 어렵고 힘든 것은 당연하다고 생각한다.

엄마가 수학을 너무 거대하고 무겁게만 생각하고 계신 것 같습니다. 그리고 수학
때문에 아이들의 자존감과 자신감에 상처를 주는 상황이 반복되는데, 수학만 아니
라면 이런 일이 안 생기리라 생각하시는 것 같습니다. 또한 아이들을 탓하기보다는
아이를 힘들게 하는 수학을 원망하시는 것 같아요.

　제가 드리는 제안은 네 가지입니다.

　첫째, 엄마가 생각을 바꾸는 것입니다. 수학에 대해서 좀 너그럽게 생각하는 자
세를 가지면 좋겠습니다. 수학이 어렵고 힘든 것이 당연하다고 하셨는데, 그렇지
않습니다.

　둘째, 수학은 그저 어렵고 누구에게나 힘들지만 억지로라도 해야 하는 과목이라
고 생각하지 마시기 바랍니다. 수학에 대한 부정적인 마음을 바꾸셨으면 좋겠어요.
수학은 인류의 필요에 의해서 발전된 과목입니다. 인류 발전에 도움이 되어 왔고,
개인의 발전에도 도움이 되는 과목이라는 점을 생각해 주세요. 이런 생각이 아이

들한테 전달된다면 아이들도 긍정적인 마음을 가질 것입니다. 수학이 어렵지만 그렇다고 피할 필요는 없는, 나한테는 도움이 되는 과목이라고 생각한다면 아이들은 스스로 열심히 공부할 것입니다.

셋째, 수학을 탓하지 마셨으면 합니다. 수학은 잘못이 없습니다. 수학 교재를 만들고 수학을 가르치고 교육 정책을 만드는 분들이 잘못했을 뿐입니다. 수학 자체는 아이들을 괴롭히는 과목이 아닙니다. '수학은 나를 건강하게 한다. 내 정신을 살찌우고 내 미래를 탄탄하게 한다. 나를 위해서 배우는 것이지 억지로 배우는 것이 아니다.'와 같은 생각을 하고 그런 자세를 아이들한테도 전달해 주셨으면 좋겠습니다.

넷째, 자신감을 가지세요. 6학년이 된 큰아이는 한참 힘들어하다가 어느 정도 자리를 잡았다고 했는데, 그렇다면 다른 두 아이도 이제 곧 자리를 잡아 갈 것입니다.

저의 맞춤 솔루션은, 엄마가 수학에 대한 생각을 긍정적으로 바꾸고 수학을 다시 공부해서 가르치시면 좋겠다는 것입니다. 그러다 보면 엄마가 학창 시절에 가졌던 트라우마와 편견이 조금씩 사라질 것이고, 아이들은 수학에 대해 흥미를 갖고 즐겁게 공부할 것입니다.

문제를 풀다 주춤하는 아이에게
심하게 화를 냈어요

저는 어릴 때 수학을 너무 못했습니다. 얼마나 못했으면 중학교 때 아버지와 함께 수학 문제를 풀다 아버지가 답답한 나머지 책으로 제 머리를 때린 적도 있습니다. 수학 못하는 저를 보고 성질을 못 참으시는 아버지가 너무 무섭고 주눅이 들어서 아버지에게 수학을 배운다는 게 너무 끔찍했던 기억이 납니다.

아버지가 저를 가르치는 것을 포기하고 과외로 돌렸지만, 저는 결국 수학을 극복하지 못해 대입 시험에서 다섯 문제도 못 풀었습니다. 그래서 저는 초등 2학년인 제 아이가 절대 나와 같은 경험을 갖지 않도록 좋은 엄마 선생님이 되겠다고 결심했습니다.

그런데 요즘 수학으로 엄청 흔들리고 있습니다. 오늘은 문제집과 풀이가 달라서 아이를 혼냈어요. 아이가 쓴 게 맞는 건지 헷갈리기도 합니다. 그리고 문제를 풀다 주춤하는 아이에게 화를 심하게 냈어요.

첫째, 엄마는 학창 시절에 수학 때문에 아버지에게 맞은 적이 있다.

둘째, 답안지와 다른 아이의 풀이를 그냥 두어도 될지 혼란스럽다.

셋째, 엄마는 초등학교 2학년 수학 문제가 새롭고 어렵게 느껴진다.

솔루션 Solution

엄마는 지금 초등 2학년 수학 문제를 아이가 잘 푼 것인지 몰라 자신 없어 하고 있습니다. 그 이유는 아버지로부터 맞은 기억 때문인데요, 부모가 수학을 가르치면서 자녀에게 가한 폭력은 수십 년이 지나도 이렇게 심한 트라우마로 남아 있게 됩니다. 정신적 외상을 입은 아이가 자라서 부모가 되어 자기 아이를 가르칠 때, '내가 아이를 가르쳐도 될까?' 하면서 더하기 빼기 문제에서도 자신을 신뢰하지 못하는 상황이 계속되는 거죠.

　다른 과목보다도 수학을 가르칠 때는 아이한테 이런 트라우마를 만들어 주지 않도록 각별히 주의하세요. 또한 수학 문제집의 해답에 너무 얽매이지 마세요. 답지와 똑같이 풀지 않았다 하더라도 아이의 설명을 듣고 엄마가 납득이 되면 잘 푼 것입니다.

　이 사연에 대한 저의 맞춤 솔루션은, 수학에 대해 다소 느슨하게 생각하고 마음을 놓으시라는 것입니다. 그래야 아이도 수학이 너무 대단하거나 무섭다는 생각을 하지 않습니다. 어렸을 때 엄마 자신이 겪은 불쾌한 경험을 아이가 갖게 하지 않겠다는 다짐을 꼭 지키시기 바랍니다.

수학 학습에 관한
세 가지 오해

수학을 어떻게 생각하느냐 하는 것은 수학 학습 태도에 영향을 줍니다. 그리고 수학 학습 태도는 학습 방법을 결정하고 수학적 성취에 영향을 줍니다. 그렇다면 수학에 대해 어떤 학습 태도를 갖는 것이 좋을까요?

우리 어른들은 이미 학창 시절에 수학을 배웠습니다. 오랜 기간 동안 수학을 공부하는 과정에서 수학 학습법에 관한 한 나름의 견해와 신념을 갖고 있습니다. 그리고 자녀에게 수학을 지도할 때 부모인 자신의 신념에 따라 여러 가지 결정을 하며, 어린 자녀들은 부모가 결정한 수학 학습 방법을 따르게 됩니다.

예를 들어, 수학에서는 계산력이 가장 중요하며 계산을 잘하기 위해서는 규칙적으로 반복해서 연습하는 게 최고라고 생각하는 엄마

A가 있습니다. 엄마 A는 아이에게 수학을 가르칠 때 입버릇처럼 계산력을 강조합니다. "계산을 잘해야 수학을 잘하는 거야.", "어머, 계산을 또 틀렸네.", "잘했어! 역시 계산을 잘하는구나." 같은 말을 자주 합니다. 그리고 문제집을 고를 때는 단계별로 계산 문제가 빼곡한 것을 고릅니다. 그러면서 "자, 이 문제집을 하루에 두 쪽씩 매일 풀도록 하자. 그래야 계산력이 향상되지."라고 하고, 아이가 계산 문제를 푸는 데 걸리는 시간을 재기도 합니다.

반면, 수학에서 계산력은 그다지 중요하지 않다는 신념을 가진 엄마 B는 자녀에게 수학을 가르칠 때 계산력에 대한 이야기는 별로 하지 않습니다. 아이가 계산 문제를 틀려도 "수학은 계산이 전부가 아니야."라며 대수롭지 않게 넘어갑니다. 문제집을 고를 때도 계산 문제로만 이루어진 것 말고 다양한 문제로 구성된 교재를 고릅니다.

이처럼 수학 학습법에 관한 한 부모들의 생각은 제각기 다릅니다. 우리나라 부모들 사이에 가장 대중적으로 퍼져 있는 수학 학습법에 대한 오해와, 이런 신념이 빚어내는 문제점들을 살펴보는 것은 아이에게 바람직한 수학 학습법을 만들어 주기 위해 우선되어야 합니다.

계산 연습을 미리 해 놓아야 수학을 잘한다?

아이의 수학 공부에 관한 고민은 가장 먼저 계산에서 시작됩니다. 첫 수학이 숫자를 알고 계산을 하는 것에서부터 시작하기 때문입니다. 수학에는 수와 연산을 포함해서 도형, 측정, 함수, 확률과 통계, 문자와 식 등 5가지 영역이 있습니다. 그런데 6년이나 계속되는 초등학교 수학 내용에서는 유난히 수와 연산이 많습니다. 교육 과정이 계속 개편되면서 초등 수학 교과 내용 중 수와 연산 영역이 점점 줄고는 있지만, 그래도 수와 연산 관련 내용이 60퍼센트 이상 됩니다.

수학 과목은 다른 과목보다 유난히 시험이 많은 편이고, 수와 연산이 수학에서 많은 비중을 차지하다 보니 단원 평가에도 계산 문제가 많이 나옵니다. 특히 초등학교 1, 2, 3학년 내용은 자연수의 덧셈, 뺄셈, 곱셈, 나눗셈과 관련된 연산 내용이 주를 이루고 있습니다. 그렇다 보니 계산이 느리거나 부정확한 아이들은 수학 시간에 여러 어려움을 겪고, 초등 자녀를 둔 부모들은 자연스럽게 '계산을 잘해야 수학을 잘한다.'는 생각을 하게 됩니다. 더 나아가 '계산을 못해서 수학을 못한다.'는 걱정에 사로잡히기도 합니다.

항간에는 계산 속도가 떨어지면 수능 문제를 풀 때 시간이 모자라서 점수가 낮을 수밖에 없다는 말이 떠돌고 있습니다. 이런 말을 들으면 유아를 둔 부모들까지 불안해집니다. 그래서 "미리미리 계산 실력을 쌓아 두어야 수학을 잘한다."는 주변의 조언에 따라 아이가 학교에 들어가기 전부터 열심히 계산 연습을 시킵니다. 우리나라 초등학생들 중 많은 아이가 7세 무렵에 연산 학습지를 처음 시작하고, 2년 정도 계속하고 있습니다.

이렇게 미리 쌓은 계산 실력은 학교 수학 '초기'에 빛을 발합니다. 계산 속도에 대한 자신감이 곧 수학에 대한 자신감이 됩니다.

✉ 유치원 다닐 때는 가끔 수학 게임을 하거나 수학 놀이를 하는 정도였는데, 가만 보니까 숫자를 좋아하는 것 같아서 일곱 살 때부터는 제가 가르치기 시작했어요. 연산을 잘해서 아이가 잘 따라 주었고, 그렇다 보니 일곱 살 1년 동안 초등 2학년 수학까지 진도가 쭉 나가더군요.   (초2 아들 엄마)

그렇다면 아무 문제가 없어야 하지 않을까요? 학교 시험에는 계산 문제가 많이 나오고, 아이들은 집에서 열심히 계산 문제를 연습하고 있으니 꽤 바람직해 보입니다. 그런데 왜 수학을 싫어하고 포기하는 아이들이 생기고 그 수가 점점 많아지는 걸까요?

✉ 딸이 네 살 때 방문 연산 학습지로 처음 수학 공부를 시작했는데, 굉장히 즐거워했고 진도도 빠른 편이었어요. 그런데 반복 학습지이다 보니 아이가 조금씩 싫증을 내기 시작했어요. 여섯 살 때는 제가 데리고 문제집을 조금씩 풀렸습니다. 일곱 살 6월부터는 다른 학습지를 시작해서 지금까지 계속하고 있습니다. 초등학교에 들어가고 2학년 때까지는 수학을 좋아하지도 싫어하지도 않았는데, 3학년 때부터 싫다고 하더니 4학년이 되면서 거부 반응을 보이기 시작했습니다. 지금은 수학을 너무 힘들어하고 싫어합니다.   (초4 딸 엄마)

이런 상황은 주변에서 흔히 찾아볼 수 있습니다. 수학에서는 계산력이 중요하다는 신념에 따라 아이의 계산 실력을 높이기 위해 유아 때부터 반복 연산을 시켰는데 어느 순간에 아이가 수학을 싫어하게 되었다는 상황은 실제로 가정에서 많이 일어나는 일입니다.

계산 연습과 관련된 아이들의 경험은 유쾌하지 않은 것이 많습니다. "우리 아이가 도형은 그럭저럭 하는 것 같은데 계산이 너무 느려서 걱정이에요. 계산을 못하면 수학을 못하게 되잖아요."라고 말한 엄마는 4학년 딸아이가 계산을 빠르게 하기를 간절히 바랐다고 합니다. 그런데 아이가 자꾸 손가락을 사용해 계산을 해서 속상한 마음이었습니다. 그러면 안 된다고 단단히 일렀는데도 아이가 몰래 손가락을 꼽으며 계산을 해서 순간 화를 못 참고 손을 때렸다고 합니다.

엄마는 아이가 손가락을 사용하지 않고 암산으로 풀 수 있기를 바랐기 때문에 아이의 손을 때린 것입니다. 엄마는 암산으로 풀어야 잘하는 것이라는 신념을 가지고 있습니다. 엄마의 신념은 올바른 것일까요? 그리고 엄마에게 손을 맞은 아이는 수학에 대해 어떤 생각을 하게 되었을까요?

손가락으로 세어 가며 계산하는 것은 매우 자연스런 셈법입니다. 맞을 만큼 잘못된 행위는 아니라는 것입니다. 사실 인류는 수를 처음 세던 때부터 손가락을 유용하게 사용해 왔고, 손가락 세기는 지금도 많은 사람이 언제 어디서나 즐겨 사용하는 셈법입니다. 주판을 '빠르고 정확하게 계산하는 데 도움을 주는 정교화된 손가락 세기 기계'라고 부른다는 것만 생각해 보아도, 손가락을 사용해서 계산하는 것을 안 좋게 생각할 필요는 없습니다.

계산을 못하면 수학을 못하게 된다는 신념은 계산을 빠르고 정확하게 연습하는 방법을 택하게 합니다. 그런데 이 과정에서 아이들이 그야말로 '나가떨어지는' 상황을 맞게 된다는 것이 너무 치명적입니다. 계산하는 즐거움 때문에 수학에 흥미를 갖게 되었다는 아이들도 있지만, 반복적인 계산 연습이 지겨워 수학에 흥미가 떨어졌다는 아이가 훨씬 더 많습니다. 5학년 아들을 둔 한 엄마는 "일곱 살 때 영재 교육 기관에서 5개월 동안 영재 교육을 받았습니다. 그때는 수학을 재미있어하는 것처럼 보였어요. 1학년 4월까지 계속 교육을 받다가 문제집 푸는 것이 너무 지겹고 수학이 싫다고 해서 결국 다 그만두었습니다."라고 했습니다.

한편, "요기까지만 풀자." 하고선 막상 아이가 다 하면 "한 쪽만 더 풀까?" 하는 엄마도 있습니다. 아이는 좀 실망했지만 한 쪽을 더 풉니다. 그런데 엄마가 "아유, 잘했어. 하는 김에 한 쪽만 더 풀자."고 합니다. 이때 잠깐 싫은 표정을 했다가 묵묵히 따라하는 아이도 있지만, 어떤 아이는 "안 해!" 하면서 폭발합니다.

문제를 빨리 잘 풀면 잘 풀수록 손해라고 생각하는 아이도 있습니다. "제가 잘 풀면 엄마가 이제 그만 하게 하는 게 아니라, 어디서 더 어려운 문제집을 갖고 오거든요. 그래서 일부러 잘못 풀기도 해요." 하면서 아이는 빨리 풀면 더 어려운 문제집을 풀게 될까 봐 대충 풀어 가며 시간을 번다고 말했습니다.

엄마가 직접 지도했건, 방문 연산 학습지를 시켰건 간에 일곱 살 전후로 연산 학습에 몰입한 아이들은 반복적인 계산 연습에 질려서 점차 수학을 싫어하게 됩니다. "지겨워!"라는 말은 반복적인 계산 학습으로 수학에 대한 흥미를 잃은 아이들이 공통적으로 내뱉는 한마디입니다. 지겨운 이유는, 계산력을 키우겠다는 목표로 반복해서 문제를 풀게 했기 때문입니다. 다시 풀게 하면서 아이와 실랑이를 벌이게 되고, 어느 순간부터는 더 이상 시키지 못하는 상황이 됩니다. 수학은 오로지 계산이 전부라고 생각하고 연습을 시키다 보면, 정작 중요한 시기에 아이가 계산에 손을 놓게 될 수 있습니다.

> ✉ 취학 전에 계산 연습을 좀 시켰더니 아이가 너무 싫어해서 저학년 때는 안 했어요. 그런데 5학년이 되면서 소수의 나눗셈까지 나오니 실수 만발에다 숫자까지 변신을 하네요.　　　　　(초5 딸 엄마)

실제로 규칙적인 반복 연산 학습을 2년쯤 계속하다 보면 오히려 계산 문제를 틀리는 일이 잦아집니다. 지겨워서 싫어지긴 했어도 계산력이 높아졌다면 괜찮을 수 있겠지만, 그런 경우가 많지 않습니다. 틀렸다 맞았다를 반복하거나 오답이 점점 늘어나는 현상이 생깁니다. 이런 일은 매우 흔합니다. 왜 이런 일이 생길까요?

아무런 변화 없이 비슷한 문제를 계속 반복해서 풀다 보면 집중력이 떨어집니다. 집중력이 떨어지면 얼핏 숫자를 잘못 보기도 하고, 덧셈이나 뺄셈 부호를 잘못 봐서 틀리기도 합니다. 아이가 문제 풀이 연습을 너무 많이 해서 그런 것 같으면 학습량을 줄이는 게 좋습니다. 이런 지겨운 반복 학습은 수학에 대한 호기심을 없앱니다. 이번 장도 다음 장도 비슷한 문제만 나오는데 이런 연습을 2년 이상 계속

한다고 생각해 보세요!

매일 꾸준히 계산 문제를 푸는 데 지쳐서 수학이 싫어지고, 풀기 싫어서 안 풀다 보니 자연스럽게 속도도 떨어지고 정확도도 떨어집니다. 수학 영재들은 반복을 싫어하는 경향이 있다는 점에 비추어 보면, 계산력을 높이기 위한 반복 학습이 과연 수학을 잘하게 하는 보편적인 방법인지 의심스럽습니다. 또한 계산을 잘해야만 수학을 잘한다는 게 과연 사실일까요?

다음 그림에서 보듯이 우리나라뿐 아니라 미국 교육 과정에서도 학년이 올라갈수록 계산 영역의 비중은 줄어듭니다.

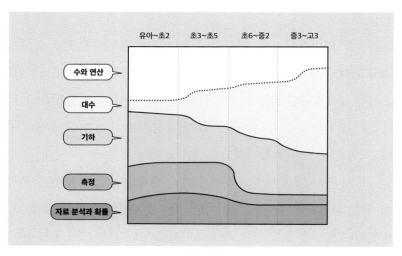

(출처 : 미국 National Council of Teachers of Mathematics, 2000)

중1 아들을 둔 엄마는 "초등 1학년 때부터 중1인 지금까지 학습지로 연산 공부를 따로 하고 있습니다. 초등 때는 빠르고 정확한 계산력이 빛을 발했는데, 중학교 문제집을 풀면서 흔들리더군요."라고 했습니다. 숫자로 하는 계산이 아닌, 문자로 식을 만들고 계산하는 중학교 수학에서는 단순 계산 실력만으로는 극복할 수 없는 문제들이 나오기 때문에 이런 결과가 생깁니다.

초등학교 때만 계산을 하고 고등학교 때는 안 하는 것도 아닙니다. "초등학교 때 계산을 끝내야 한다."는 분도 있는데, 결론적으로 말하면 초등학교 때 계산을 끝낼 수 없습니다. 사칙 계산은 12년 동안 계속 나옵니다. 모든 문제를 풀 때마다 계산을 하므로 점점 숙달이 되어 갑니다. 계산을 한자 급수 자격증 따듯이 시키지는 마세요. 계산 연습은 12년 내내 자연스럽게 계속하게 됩니다.

수학자라고 해서 계산을 빨리 잘할까요? 세계적으로 유명한 수학자들 중에는 "나는 계산이 빨랐다."고 하는 수학자도 있지만, "나는 계산이 느린 편이었다."는 수학자도 많습니다. 계산력이 아니라 사고력으로 문제를 해결한 대표적 수학자가 독일의 가우스입니다. 가우스가 1부터 100까지 덧셈 결과를 재빨리 구할 수 있었던 것은 수를 하나하나 더하지 않았기 때문입니다.

앞으로는 점점 수학에서 손으로 하는 계산 문제의 비중이 줄고 계산기를 사용하게 할 것입니다. 계산을 빠르고 정확하게 하느냐보다는 문제 해결을 위한 과정에서 얼마나 다양하고 깊이 있게 사고하는지가 더 중요합니다. '계산력이 전부다.' 또는 '계산력은 아무 쓸모가 없다.'는 부모의 신념은 아이의 수학 학습에 도움이 되지 않습니다.

"계산이 수학에 필요하긴 하지만, 전부는 아니야."라고 말해 주시기 바랍니다.

실수도 실력이다?

아이의 수학 답안을 채점하다가 틀리는 문제가 생기면 부모는 속이 탑니다. 몰라서 틀리는 건 그렇다 쳐도 아는 문제를 틀릴 때 무척 속상합니다. 아이는 번번이 실수라고 하는데 과연 실수를 그냥 두어도 될지, 실수가 실력이 되는 건 아닐지 걱정됩니다. 4학년 아들을 둔 엄마는 "실수가 실력이 될까 봐 두려워요."라고 말했습니다.

사실은 내 아이만 그런 게 아니라 모든 아이가 또래와 비슷한 실수를 하고 있습니다. 초등학교 아이들의 이런 실수를 수학에 대한 무성의한 태도의 문제로 보아야 할까요, 실력 부족으로 인한 문제로 보아야 할까요? 아니면 한때 스쳐 지나가는 자연스러운 현상으로 보아야 할까요?

많은 부모가 '우리 아이는 생각을 안 하고 행동부터 하는 경향이 있다.', '수학 문제 중에서 쉬운 문제를 실수로 틀리는 편이다.', '푸는 데 오래 걸리는 수학 문제를 싫어한다.'와 같이 생각하고 있었습니다. 하지만 아이들은 항변합니다. "그렇지 않아요. 제가 생각을 안 해서 그런 게 아니에요.", "쉬운 문제를 실수로 틀리는 게 아니라 잘 몰라서 틀리는 거예요.", "푸는 데 오래 걸리는 문제들을 다 싫어하는 것도 아니에요. 오래 걸리는 문제라도 묵묵히 하고 있어요."라며 매우 서운해하고 억울해하고 있었습니다. 아이들이 거짓말을 하는 걸까요?

미성년인 아이들의 뇌는 아직 덜 발달되어 있습니다. 아이들의 실수에는 미성숙한 뇌로 인해 저지르게 되는 어쩔 수 없는 실수도 있습니다. 아이가 어떤 문제를 틀린 건지 살펴보지 않고 일단 문제를 틀렸다는 것만 보고는 '대충 풀어서', '문제를 제대로 안 읽어서', '딴생각을 해서' 등 실수를 뭉뚱그려 판단하면 안 됩니다. 뇌의 모든 영역이 동시에 성장하는 게 아니라서 뇌의 영역별 발달 정도에 따라 오류의 내용도 달라지기 때문입니다.

수학 문제를 풀기 위해서는 개념도 알아야 하고, 절차도 알아야 하고, 공식도 잘 기억하고 있어야 합니다. 이것을 각각 '개념적 지식', '절차적 지식', '단순한 사실에 대한 기억'이라고 합니다. 신경심리학에서 보자면, 수학의 세 가지 지식을 관장하는 영역은 각각 다릅니다. 즉, 개념적 지식을 탐색할 때 동원되는 뇌의 영역(외측 전두피질)과 수학의 절차적 지식을 탐색할 때 동원되는 뇌의 영역(두정엽·전두엽·기저핵), 그리고 단순한 산술적 사실을 꺼낼 때 활성화되는 뇌의 영역(측두엽과 두정엽이 만나는 곳의 이랑과 브로카 영역)이 서로 별개라는 것입니다.

예를 들어 어떤 학생이 개념에 대해서는 잘 대답하는데 막상 문제를 풀다가 중간에 실수하는 일이 잦다면, 이 학생은 외측 전두피질은 잘 발달했지만 아직 두정엽 발달이 늦은 것입니다. 문제는 잘 푸는데 개념에 대해서는 설명을 못하거나, 구구단이나 직사각형의 넓이 같은 단순한 사실을 기억하지 못해서 오류를 만드는 경우는 절차적 지식을 담당하는 두정엽이 덜 발달되었기 때문입니다. 즉, 아이들의 실수는 뇌가 완전히 발달하지 않았기 때문에 저지르는 '지나가는' 실수라는 것입니다. 뇌의 발달이 덜 된 것은 아이 탓이 아닙니다. 연습한다고 발달이 촉진되는 것도 아닙니다. 시간이 해결해 줄 일입니다.

그럼에도 실수를 바로잡겠다고 비슷한 연산 문제를 더 많이 풀게 합니다. 이렇게 하면 오히려 주의집중력이 흩어집니다. 집중력이 흩어지면 실수하는 일이 더 많아집니다. "네가 열심히 하지 않아서 실수하는 거야."라는 말은 아이에게 깊은 상처를 줄 뿐입니다.

모든 실수가 곧 아이의 실력을 말해 주는 것은 아닙니다. 실수가 곧 실력인 경우는 적어도 초등학생 때는 아닙니다. 고등학생쯤 되어야 실수로 틀린 문제인지 실력으로 틀린 문제인지를 구별할 수 있습니다. 물론 고등학생들도 단순한 실수로 틀릴 수 있습니다. "실수도 실력이다."라는 말은 아이 입장에서는 너무나 냉정한 말입니다. 실수에 대한 어른들의 지나친 걱정은 아이들을 주눅들게 합니다. 이런 말을 자주 듣는 아이는 자신을 못 믿고 자신의 미래까지 부정적으로 생각할 가능성이 큽니다. 아이는 자신이 자꾸 실수하는 것을 보면서 실력이 없는 게 분명하다고 생각하며, 앞으로도 결코 수학을 잘하지 못할 거라는 두려움에 사로잡혀 자신감을 잃고 맙니다.

아이의 오답을 좀 더 유연하게 바라보고 기다려 주시기 바랍니다. 아이에게 용기를 북돋워 주는 것은 긍정적 변화를 만들어 내는 가장 훌륭한 방법입니다.

오해 바로잡기!

"실수도 실력이다."

⇒ "실수는 단지 실수일 뿐이다."

수학은 규칙적으로 공부해야 한다?

초등학생 아이들에게 규칙적으로 수학 공부를 하느냐고 물었더니, "네."라고 대답하는 아이가 많았습니다. 수학은 무조건 꾸준히 푸는 것만이 잘할 수 있는 가장 확실한 방법이라는 신념을 가진 어른들의 지도에 따라 일정 양을 정해서 규칙적으로 풀고 있었기 때문입니다.

4학년 딸아이를 둔 엄마는 "영어는 하루 정도 쉬게 하더라도 수학은 매일 꼭 하게 해요."라고 했습니다. 다른 과목은 몰라도 수학은 일정 양을 정해서 꾸준히 공부해야 잘한다고 생각하기 때문이랍니다.

"수학은 그저 매일 꾸준히 시키지 않으면 안 될 것 같아요."라고 말하는 1학년 아들 엄마도 있었습니다.

이렇게 수학 공부를 규칙적으로 시키는 이유는 무엇일까요? 하루라도 수학 공부를 안 하면 안 된다고 생각하기 때문입니다. 규칙적으로 수학 공부를 시키는 이유는 '습관'이 들도록 하기 위해서입니다. 하루에 일정 양을 공부하는 습관이 몸에 배는 것이 중요하다고 생각하는 것입니다. 그런데 규칙적으로 수학 공부를 시키는 것은 언제까지 가능할까요? 과연 아이들에게 공부하는 습관이 생겼을까요?

"엄마가 수요일에는 수학 공부를 안 해도 된다고 했어요. 그래서 저는 수요일이 제일 좋아요."라는 3학년 아이, "토요일하고 일요일에는 수학 공부 안 해요. 실컷 야구만 해도 되니까 너무 좋아요."라는 6학년 아이, "지겨워 죽겠어요. 제가 아파서 하루만 수학 안 하면 안 되냐고 졸라도 엄마는 절대 안 된대요."라는 4학년 아이. 이 아이들은 수학에 대해 어떤 느낌을 갖게 될까요? 수학을 안 하는 게 좋은 거라는 생각을 하지 않을까요? 규칙적으로 수학 공부하는 습관이 몸에 배게 하겠다는 엄마의 목표와 수학에 대한 아이의 혐오가 서로 맞서고 있는 것은 아닌지 생각해 볼 문제입니다.

수학은 사고력을 키우는 과목입니다. 사고력은 매일 일정한 시간에 정해진 장소에서 생기는 것은 아닙니다. 규칙적으로 학습하는 것은 수학 문제를 많이 빨리 푸는 것만을 평가하던 과거의 빛바랜 학습법 아닐까요? 이는 자유롭고 자기 주도성이 강한 아이에게는 오히려 수학을 질리게 하는 방법일 수 있습니다.

규칙적인 학습법이 수학을 처음 배우는 모든 초등학생에게 다 좋은 학습법이라고 볼 수는 없습니다. 어떤 아이는 규칙적으로 공부하는 게 자기 성격에 맞고, 어떤 아이는 하고 싶을 때 자유롭게 공부하는 게 더 맞을 수 있습니다. 그리고 월수금 30분씩 수학 공부를 한다는 등의 규칙은 아이가 정해야 합니다. 어른이 일방적으로 정한 규칙, 또는 아이가 마지못해 동의한 규칙을 지키라고 강요하는 것은 아이가 자기 주도적 학습자로 성장하는 것을 방해합니다.

오해 바로잡기!

"수학은 규칙적으로 공부해야 한다."

⇒ **"수학을 반드시 규칙적으로 공부해야 하는 것은 아니다."**

스스로 공부하도록
어떻게 도와줘야 할까요?

　문과 성향의 초등 4학년 여자아이이고, 학교생활을 적극적으로 열심히 하고 있어요. 수학 관련 책을 굉장히 재미있게 보고, 논리적으로 말도 잘해서 서술형 문제를 단순 연산에 비해 재밌어합니다. 그런데 어떤 공부든 시켜서 하는 것들은 좋아하지 않는 것 같아요. 수학 이외의 과목은 혼자 열심히 합니다.

　1학년 들어가서 알게 된 건 아이가 숫자 감각이 좀 부족하다는 점이었어요. 첫 수학을 할 때 연산 학습지를 하지는 않았고, 2학년 중반부터는 학원에서 교과 수학도 배웠습니다. 일주일에 두 번, 5시간 수업이었어요. 실력이 많이 늘었나 싶었는데 문제 푸는 요령만 느는 것 같습니다. 수학 시험지에 낙서를 하기도 하고, 맞춤법 실수나 연산 실수, 다 맞게 풀어 놓고 엉뚱한 답을 적기도 해요. 학원에 맡겨만 놓았던 지난 시간이 아깝습니다.

지금은 집에서 문제집의 양을 확 줄이고 연산과 병행해서 가르치고 있어요. 문제집 몇 쪽까지 연산 몇 쪽까지 하는 식으로 공부의 양을 정해 주는데, 이게 학원과 다를 바 없는 것 같다는 생각이 문득 들었습니다. "대체 몇 번을 알려 줘야 이해하는 거니?" 하면서 똑바로 앉아라, 글씨 바로 써라 등 결국 잔소리로 끝난 적이 더 많았던 것 같아요. 진정한 자기 주도 학습이 되려면 엄마가 어떤 자세로 도와주어야 할까요? 앞으로도 실수를 달고 살지는 않을지 걱정됩니다.

첫째, 단순 연산에 비해서 서술형 문제를 재밌어한다.

둘째, 뭐든지 시켜서 하는 것들은 좋아하지 않는다.

셋째, 수학 이외의 과목은 혼자 열심히 한다.

솔루션 Solution

이 아이는 초등 2학년 중반부터 일주일에 두 번, 하루에 5시간씩 수업하는 학원에 다녔습니다. 이렇게 오랜 시간 동안 많은 문제를 풀다 보면 수학이 지겹게 여겨지는 것은 당연합니다. 또한 아이가 저지른 다양한 실수는 이 시기의 초등 아이들한테 보이는 일반적인 모습이기도 합니다. 아이를 채근한다고 해서 실수가 잡히지는 않습니다.

지금 4학년이니까 아직은 미숙한 면이 있고, 그래서 틀리는 것입니다. 엄마가 걱정을 너무 많이 하면서 앞으로도 실수를 달고 살지 않을까 하셨는데, 이것은 지나가는 과정입니다. 4학년, 5학년 아이들이 대부분 그렇습니다. 지나가는 과정에서의 실수니까 너무 걱정하지 않으셨으면 합니다. 누가 시켜서 하는 일은 안 하려는 성향의 아이라면 억지로 시키지 않는 게 좋습니다. 뭐든지 자기가 해야 한다고 느낄 때 하려는 아이는 자율적인 아이니까요.

수학 이외의 과목은 혼자 열심히 한다고 했는데, 그러면 왜 수학만 그렇지 못할까요? 이 아이는 수학도 혼자 할 수 있는 아이입니다. 아이 자체는 자율적인데 엄마가 타율적으로 키우고 있다고 볼 수 있습니다. 자율적인 아이에게는 자신이 간섭받고 있는 걸 모를 정도로 아주 간접적으로 간섭하는 게 좋습니다. 너무 가시적으로 간섭을 하고 제재를 하면 역효과만 낼 뿐입니다. 가정에서 아이를 가르치고 있는 부모들 중 굉장히 빡빡하게 공부 양을 정해 주고 엄격한 교사 역할을 해서 아이와의 관계가 많이 틀어지는 분도 많습니다.

　이 사연에 대한 저의 맞춤 솔루션은, 다른 과목처럼 수학도 아이가 스스로 공부하도록 두라는 것입니다. 수학도 혼자 할 수 있도록 아이에게 맡겨 주셨으면 좋겠습니다. 공부 양 등을 스스로 정해서 할 수 있도록 지도하는 것이 아이에게는 진짜 자기 주도 수학 학습자가 되도록 할 것입니다.

주의력 결핍인 아이,
수학 공부 어떻게 할까요?

초등 3학년인 아들은 학교에서 수학 시험을 60~90점까지 다양하게 받아 오고 있으며, 머리는 나쁘지 않은 것 같습니다. 그런데 굉장히 산만하고 집중하는 시간도 짧습니다. 특히 앉아서 공부할 때는 더 그렇습니다. 병원에서 주의력결핍과잉행동장애(ADHD) 판정을 받아서 약도 먹고 있습니다.

제가 직장을 다니고 있어서 초등 1학년 때부터 집 근처 공부방에서 국어와 수학을 공부하고 있습니다. 여기 다니기 전에 다닌 학원에서는 수업을 전혀 따라가지도 못하고 혼만 났는데, 지금 다니는 공부방이 학생 수도 적고 선생님이 꼼꼼하게 봐 주셔서 어느 정도 학교 수업은 따라가는 것 같습니다. 그런데 공부방 선생님 말로도 아이가 공부 시간에 집중을 잘 못해서 한 문제 풀고 딴짓하고, 놀 거리가 없어도 옷이나 연필 같은 물건을 가지고 논다고 합니다. 그래서 항상 주의를 주면서 가르치신다고 해요.

　최근에도 선생님께서 아이 때문에 좀 힘들다고 전화를 하셨습니다. 선생님 입장도 이해가 가고, 공부방에서 자꾸 혼나서 오는 아이도 마음에 항상 걸리네요. 공부방을 계속 보내고 싶은데 자꾸 혼나는 것 같고…. 공부방 선생님이 보내지 말라고 하지는 않으셨지만, 좀 힘들다고 하시는 게 그만 보냈으면 하시는 것 같아요.

　제가 가르치기도 힘들지만, 만약 제가 가르친다면 어떻게 지도해야 할지 고민입니다. 이렇게 주의력 결핍인 아이는 어떻게 가르쳐야 할까요?

첫째, 아이는 학교 수학 시험을 60~90점까지 다양하게 받아 온다.

둘째, 병원에서 ADHD 판정을 받아 약을 먹고 있다.

셋째, 공부방 선생님께서는 그만 보냈으면 하시는 것 같다.

솔루션 Solution

ADHD는 발달 수준에 비해서 지나치게 주의가 산만하고 과잉 행동을 하거나 충동적인 행동을 하는 장애를 말하고, 주의력 장애와 과잉 행동 장애를 합친 말입니다. 그런데 주의력이 부족한 아이는 주의력만 부족한 경우, 행동이 너무 과잉인 경우, 아니면 둘 다 같이 있는 경우로 나뉩니다. 산만하다고 해서 모두 ADHD인 것은 아니며, 아이가 정신을 차린다고 집중할 수 있는 것도 아닙니다.

ADHD 아이는 쉬지 않고 움직이고, 다른 사람과의 대화에서도 자기가 과도하게 말을 하거나 설명을 굉장히 많이 합니다. 취학 전의 아동은 항상 무언가를 만지고 있고, 물건을 집어던지고, 결코 만족할 줄 모르며, 감시가 필요합니다. 그러다가 청소년기에 과잉 행동이 약간 호전을 보이는데, 일반적으로 아동기에서는 그 모습이 심각해 보이는 수준이라고 합니다. 이런 학생들은 교사의 지시를 잘 따르지 못하고 한 가지 일을 오랫동안 할 수 없으며, 수업 시간에 돌아다니는 등 문제가 많이 생겨 교사 입장에서는 어려움을 많이 호소합니다.

서울시에서 초·중·고 학생들을 대상으로 한 연구에 따르면, 초등학교에 약 15퍼센트 정도의 아이가 ADHD로 나타났습니다. 한 학급에 두세 명 정도가 된다는 거죠. 이 아이들의 행동 특성을 보면 참을성이 부족하고, 어떤 행동의 결과를 충분히 생각하지 않고 행동하며, 지시나 질문이 다 끝나지도 않았는데 성급하게 행동을 취해 버리고, 그래서 실수를 많이 합니다. 또한 어떤 행동의 결과를 별로 생각하지 않아서 잘못하다가는 사고를 당할 수도 있습니다.

이 사연의 아이 경우도 공부 시간에 집중을 잘 못하고, 한 문제 풀고 딴짓하고 한 문제 풀고 또 딴짓한다고 하니 일반적인 ADHD 아동의 모습을 보이고 있습니다. 6학년을 대상으로 한 ADHD 아동 지도 연구에 따르면, 효과적인 수학 지도를 위해서는 반복해서 시키고, 구체물을 활용하고, 개별적으로 지도하는 게 좋습니다. 제 생각에도 엄마가 개별적인 지도를 하는 것도 좋겠다는 생각이 듭니다. 엄마가 가르치실 때는 인내심을 가지고 같은 문제를 반복해서 풀게 하고, 교구나 구체물을 사용해서 설명해 주시기 바랍니다.

주의력 결핍인 아이를 집에서 가르치는 데 효과적인 맞춤 솔루션을 말씀드리면 다음과 같습니다.

첫째, 같은 문제를 반복해서 풀게 한다.

둘째, 교구나 구체물을 사용해서 풀게 한다.

엄마가 열심히 정성껏 아이를 지도해 주면 정서적 교감을 높일뿐더러 수학 학습도 안정적으로 꾸준히 이어 갈 수 있습니다.

2부

내 아이의
학습 유형에 딱 맞는
수학 공부법

아이의 수학 학습
스타일부터 파악하자

사람마다 생김새가 다르듯 성격도 다르고, 성격이 다르기 때문에 학습 스타일도 다릅니다. 일반적인 상황에서 드러나는 성향이 '성격'이라면, '학습'이라는 특별한 상황에서 드러나는 성향을 '학습 스타일'이라고 합니다. 학습 스타일은 아이가 학습하게 되는 환경이나 조건, 그리고 선호하는 학습 방법을 말합니다. 아이마다 학습 스타일이 다른 이유는 사회 경제적 차이와 문화 차이, 성별 차이, 발달 정도의 차이, 학습 능력의 차이 등이 존재하기 때문입니다.

아이가 가지고 있는 이런 차이는 학습 정보를 받아들이고 처리하는 과정뿐 아니라 학습된 것을 새로운 상황에 적용할 때도 각기 다른 판단과 행동을 하게 합니다. 이러한 차이를 무시하고 일방적으로 학습 방법을 강요하면 결국 학습 효과가 떨어지며, 아이가 학습에 흥미를 잃거나 부정적인 생각이 강화될 수 있습니다.

성격이 다르듯 학습 스타일도 다르다

아이들은 저마다 다릅니다. 따라서 모든 아이를 어떤 한 가지 방법으로 가르치는 것은 효과적일 수 없습니다. 아이의 학습 스타일, 그중에서도 수학이라는 과목의 학습 스타일을 알고 그에 맞는 방법을 적용해야 합니다. 특히 수학 과목은 개인차에 따라 교수와 학습이 이루어져야 합니다. 똑같지 않은 아이들에게 똑같은 방법을 강요하는 것은 아이를 마치 인형으로 대하는 것과 같습니다.

학습 스타일이 학습 능력을 말하는 것은 아닙니다. 학습에서 능력은 '얼마나 잘하는가'를, 흥미는 '무엇을 좋아하는가'를 말합니다. 그리고 학습 스타일은 '어떤 방법을 선호하는가'로서 일종의 선호도를 말합니다.

그렇다면 수학 학습 스타일에는 어떤 종류가 있으며, 그에 맞는 공부 방법은 무엇일까요? 우선, 수학 학습 스타일은 아이의 인성(personality)을 반영합니다. 인성은 타고난 기질(temperament)과 환경에 의해 후천적으로 길러지는 성격(character)으로 나뉩니다. 사람마다 인성이 다른 이유는 생물학적으로나 유전적으로 타고나는 기질이 서로 다르고, 살아가는 환경에 영향을 받기 때문입니다.

성격 검사 중 하나인 'MBTI(The Myers-Briggs Type Indicator)'에서는

사람들의 성격 유형을 16가지로 구분하고 있습니다. 행동 에너지의 방향이 외부를 향하는 사람(E형)과 내부를 향하는 사람(I형), 사실이나 과정 등 실제적이고 자세한 부분에 관심을 갖는 감각적인 사람(S형), 상상력이 풍부하고 개념과 의미와 가능성에 초점을 두는 직관적인 사람(N형), 논리와 규칙에 근거해서 사고하고 결정하려는 사람(T형), 사람들 사이의 관계를 고려해서 결정하려는 감성적인 사람(F형), 조직적이고 체계적이며 판단이 빠른 사람(J형), 호기심이 많고 상황에 유연하게 행동하는 사람(P형) 등의 성격 유형으로 구분합니다.

성격이 같은 유형에 속한다면 학습 스타일도 비슷할 것 같은데, 꼭 그런 것은 아닙니다. 성격 유형은 같은데 학습할 때의 행동은 다른 경우가 있습니다. 예를 들어 A와 B는 둘 다 외향적인 편이라서 친구도 많고 자기 의사 표현도 잘합니다. 그런데 유독 수학을 공부할 때는 A와 B가 전혀 다른 모습을 보입니다. 늘 친구들과 어울려 지내던 A는 시험 전날이 되면 혼자 독서실에 가서 공부하는 반면, B는 늘 그렇듯이 시험 전날에도 카페와 같은 열린 공간에서 친구들과 이야기하면서 문제를 풉니다.

내향적인 성격의 C와 D도 그렇습니다. 평상시에는 내향적이라 별로 말이 없는 C와 D는 공부할 때 전혀 다른 모습을 보입니다. C는 언제나 그렇듯이 수업 시간에도 질문하는 일 없이 조용히 머릿속으로만 공부하지만, D는 다른 때와 다르게 수학 수업 시간에는 선생님께 질문도 많이 하고 적극적인 모습을 보입니다. A와 B, C와 D는 '성격'은 비슷하지만 '학습 스타일'이 다른 경우에 해당합니다.

학습 스타일은 개인의 성향에 따른 일종의 선호도입니다. 따라서 학습 능력은 비슷해도 학습 스타일은 다를 수 있습니다. 학습 스타일은 본인의 기질과 연관이 있지만 자라는 환경에도 영향을 받습니다. 학습은 인위적인 것이라서 환경의 영향을 전혀 안 받을 수 없습니다. 일종의 길들여짐이라고 볼 수 있습니다. 예를 들어 어려서부터 공부를 할 때 부모가 늘 조용한 환경을 만들어 주었다면 그 아이는 조용한 환경에 길들여집니다. 조용한 공간을 익숙하게 생각하고 커서도 선호하게 됩니다. 반면, 유태인들처럼 식탁에 모여 시끌벅적 토론을 하듯이 항상 커다란 거실 테이블에서 동생들과 장난을 치며 공부한 아이라면 조용한 공간을 답답해합니다. 조용히 혼자 공부하는 것보다는 바로 앞에서 자신과 상대할 누군가와 함께하는 것을 더 좋아합니다.

정보를 인식하는 측면에서 학습 스타일을 살펴보면, 자신에게 제공된 정보가 주로 글자로 쓰인 문서 같은 것이었다면 아이는 그림보다는 글자로 된 자료에 익숙해집니다. 반대로 주로 이미지로 된 자료를 제공받는 편이었다면 아이는 이미지 정보를 더 선호하게 됩니다. 새로운 정보를 받아들일 때 그 정보가 자신에게 익숙한 것이 아니라면, 아이들은 일단 거부하거나 어렵게 생각하기도 합니다.

한편, 대답을 빨리빨리 해야 하는 환경에서 자란 아이들은 즉각적으로 행동하는 것에 길들여지고, 재촉받지 않았던 아이들은 천천히 생각하는 것에 길들여집니다. 우리가 알게 모르게 매일매일 하는 행동들이 내면화되면서 어느새 자동화되는 것입니다. 흔히, "이런 상황에서 A라면 입에 거품을 물었을 거야."라거나 "정말? B가 그랬단 말이야? 말도 안 돼."라고 말하는 경우, 이는 평소 A와 B에게 자동화된 패턴을 우리가 이미 알고 있다는 것을 의미합니다. 스타일은 행동으로 드러나며, 행동이 반복되면 패턴화되어 그 사람의 이미지로 만들어집니다.

학습도 그렇습니다. 사람마다 학습 스타일이 다른 이유는, 자라면서 학습을 해 오는 동안 쌓이는 경험이 각자 다르기 때문이라고 볼 수 있습니다. 하지만 이제 막 학습을 시작하는 아이들은 아직 자신만의 고유한 학습 스타일을 갖고 있지 않습니다. 환경은 아이가 선택하는 게 아니라 주어지는 것이고, 아이가 어떤 경험을 하게 될 것인지는 주로 어른들에 달려 있습니다.

더욱 정확하게 말하면, 타고난 기질이 아이의 학습 스타일에 반영되고, 여기에다 아이가 학습 과정에서 겪은 익숙한 경험들이 쌓여 학습 스타일로 굳어지는 것입니다.

아이마다 수학 학습 스타일도 다르다

수학 공부는 어떻게 하는 것이 가장 효과가 좋을까요? 아이의 수학 학습 스타일에 맞게 공부하도록 하는 것이 가장 좋습니다. 즉, 효율적인 학습 방법이 따로 존재하는 게 아니라, 그 아이에게 맞는 학습 스타일이 최고의 방법입니다. 학습 스타일을 연구한 학자들의 공통된 결론은 학습자 개개인은 자신이 선호하는 학습 스타일이 있고,

그에 맞는 방법으로 공부하면 학습 목표에 도달할 수 있다는 것입니다. 따라서 아이가 좋아하는 방법에 맞게 가르치면 만족도도 높고 학습 효과도 높습니다.

아이의 학업 성취가 어느 수준까지일지를 알려면 지능이 아니라 학습 스타일을 보아야 한다는 의견도 있습니다. 일반적으로 지능은 주로 학습 능력, 문제 해결력, 새로운 상황에 대한 적응력, 추상적 사고 능력 등을 말합니다. 웩슬러 지능 검사를 개발한 웩슬러는 개인이 목적에 맞게 활동하고 합리적인 사고를 하며 자신의 환경에 대해 효과적으로 처리해 가는 종합적인 능력을 지능으로 정의했습니다. 또한 공부를 잘하는 데는 지능뿐 아니라 성격이 함께 작용하는데, 무엇보다 과제에 대한 전략이나 사고방식이 가장 핵심이라고 보았습니다.

지능이 높고 성취도 높은 아이도 있지만, 지능이 낮은데도 성취는 높은 아이가 있습니다. 지능, 기질, 성격은 학업 성취에 각각 개별적으로 작용하는 것이 아니라 상호작용을 하면서 영향을 미칩니다. 그리고 학습자가 자신의 학습 특성에 맞게 지도를 받았을 때 학업 성취도가 향상됩니다. 수학을 가르치는 입장에서 본다면, 아이가 선호하는 학습법에 따라 가르치는 것이 가장 효율적인 지도법이라는 것입니다.

그렇다면 아이가 어떤 학습 스타일을 지니고 있는지를 알아야겠지요? 여기서 또 하나 중요한 사실은 아이의 학습 스타일이 모든 과목에 다 똑같이 적용되지 않고 과목에 따라 달라진다는 점입니다. 아이가 국어를 공부할 때의 학습 스타일을 '국어 학습 스타일', 수학을 공부할 때의 학습 스타일을 '수학 학습 스타일'이라고 합니다. 따라서 수학이라는 과목을 학습하는 과정에서 보이는 행동 패턴인 수학 학습 스타일에 맞게 공부하는 것이 가장 효과적입니다. 아이가 수학을 잘하도록 하려면 먼저 아이의 수학 학습 스타일을 아는 것이 가장 중요합니다.

이와 관련해서 성격 유형에 따라 수학 학습 지도 방법이 달라야 한다는 연구 결과가 있습니다. 청소년 성격 유형 검사(MMTIC : Murphy Meisgeier Type Indicator for Children)로 초등학교 6학년 아이들을 검사한 다음 학습 스타일을 잘 살펴보았더니, 성격마다 선호하는 학습 방법이 달랐습니다.

감각적인 SP 기질(감각적 인식형) 아이들은 직접 체험하는 학습과 다양한 시청각 자료를 사용해 자유로운 분위기에서 학습하는 것이 도움이 되었습니다. 긴 시간보다는 짧게 짧게 풀 수 있는 문제를 주고 가끔 물질적 보상을 주는 것도 좋습니다.

지적 호기심과 독립심이 강한 NT 기질(직관적 사고형) 아이들은 깊이 있는 탐구 과제나 장기적인 프로젝트 과제를 주고 개별적으로 해결하게 하는 것이 좋습니다. 이런 유형의 아이에게는 참견을 하거나 잔소리를 하지 않아야 합니다.

직관적인 NF 기질(직관적 감정형) 아이들은 쓰기보다는 말하기를 통해 창의성과 기발함을 발휘하는 경향이 있고, 상호작용을 중요하게 여기는 특성이 있어서 소그룹 활동을 통해 서로 감정을 교류할 수 있는 학습 방법이 좋습니다.

SJ 기질(감각적 판단형)의 경우에는 체계적으로 단계적인 반복 학습과 복습이 좋으며, 독창성을 요구하는 과제를 그 자리에서 제시하는 것은 별로 좋지 않습니다.

하지만 아이들이 수학 학습과 관련해서 보이는 성향을 이렇게 4가지로만 보기는 어렵습니다. 내 아이의 수학 학습 스타일을 정확히 알기 위해서는 좀 더 자세히 들여다보아야 합니다.

수학 능력을 결정하는 '9가지 수학 학습 스타일'

학습 스타일은 기질과 성격을 반영하므로 수학 학습 스타일도 그대로 반영됩니다. 새로운 자극을 추구하는지, 충동적인지, 준비성이 있는지, 타인의 반응에 민감한지, 성취욕이 있는지 등의 기질적인 측면과 자율성이 있는지, 연대감이 있는지 등의 성격적인 측면, 그리고 수학이라는 과목과 관련해서 선호하는 정보의 유형, 지식을 습득하는 방법 등의 기준에 따라 이 책에서는 다음의 9가지로 분류했습니다.

9가지 수학 학습 스타일

1. 자율형 vs 타율형   2. 경쟁형 vs 협동형
3. 규칙형 vs 벼락치기형   4. 독립형 vs 의존형
5. 새로움 지향형 vs 익숙함 지향형   6. 숙달 지향형 vs 점수 지향형
7. 시각 선호형 vs 언어 선호형   8. 이해형 vs 암기형
9. 환경 독립형 vs 환경 의존형

이와 같은 9가지 유형에 따라 분류를 하면 512(=2^9)가지의 수학 학습 스타일이 나옵니다. 이처럼 스타일이 다양하다는 것은 그야말로 100인 100색이라는 의미입니다. 이 중에서 내 아이의 수학 학습 스타일이 무엇인지를 알기 위해서는 아이를 잘 관찰해야 합니다. 아이가 어떤 방식의 수학 정보에 민감하고, 그 정보를 어떤 환경에서 습득하는 것을 좋아하며 어떤 방법으로 기억하는지, 새로운 단원을 학습할 때의 태도는 어떠한지 등을 잘 관찰하면 내 아이만의 수학 학습 스타일을 알 수 있습니다.

부모가 아니라, 아이의 학습 스타일이 중심이다

만약 부모가 아이의 학습 스타일을 무시한다면 어떻게 될까요? 아이의 학습 스타일과 상관없이 부모 자신의 학습 스타일이나 노하우를 일방적으로 강요한다면 과연 어떤 일이 벌어질까요?

예를 들어 A 학생은 자율성이 강하고 경쟁적입니다. 그런데 부모가 아이를 일일이 간섭한다면? 교재도 정해 주고 진도도 정해 준다면? 아이는 질색을 하며 너무너무 싫어할 것입니다. 한편, 부모가 아이의 경쟁심을 계속 자극한다면? 가뜩이나 경쟁심이 강한 아이는 오로지 타인과의 경쟁에서 이기는 쪽으로 학습 목표를 세우게 될 수 있습니다. 경쟁심이 나쁜 것은 아니지만 지나친 경쟁심은 수학 불안을 일으킵니다. 이기고 싶다는 욕심에 마음이 초조해지면 결정적 순간에 실력 발휘를 못하게 됩니다. 그런 일이 반복되면 경쟁이 벌어지는 순간을 피하게 되고, 수학에 손을 놓을 수도 있습니다.

의존적이고 남의 시선에 예민한 B 학생의 경우는 어떨까요? 부모가 공부는 혼자 하는 것이라며 도와주지 않는다면? 부모는 아이가 홀로 견뎌내기를 바라지만 타인의 도움을 바라는 이 아이는 적절한 도움을 받지 못해 학습 결손이 생긴 채로 학년이 올라가게 됩니다. 한편, 주변 사람들에게 잘 보이고 싶어 하는 성향의 이 아이에게 면전에서 면박을 준다면? 목표 의식을 심어 주려는 의도에서 다른 아이와 비교하며 자존감 상하는 말을 한다면? 아이는 점점 말이 없어지고 자신감을 잃을 것입니다. 자기를 도와주지 않는 부모를 원망하고 우울해할 것입니다. 부모는 아이의 그런 모습을 보면서 대체 언제쯤이면 자기 주도적으로 공부할 거냐며 한숨을 쉴 것이고, 부모의 이런 반응에 아이는 무기력한 모습을 보일 것입니다. 이 아이가 수학을 잘할 수 있게 될까요?

아이의 수학 학습 스타일을 고려하지 않은 '어긋난 지도법'은 부모와 자녀 사이에 갈등을 극대화하므로 학습 효과를 기대할 수 없습니다. 오히려 수학과 아이를 떼어 놓고, 수학 밖으로 아이를 내쫓습니다. 지도법 자체가 잘못된 방법이어서가 아니라, 아이의 스타일과 다른 방법을 강요했기 때문입니다. 이런 어긋난 지도법이 결국 수포자를 만드는 것입니다.

아이를 탓하는 어른이 많습니다. 하지만 아이는 수학 머리가 없어서 수학을 못하는 게 아니며, 또한 게을러서 수학을 못하는 게 아닙니다. 부모나 교사가 아이의 수학 학습 스타일과는 정반대인 방법으로 아이를 이끌려고 하는 게 문제입니다. 결국 노력에 비해 결과가 안 좋고 많은 갈등이 생기게 됩니다.

안타깝게도 많은 부모가 내 아이의 수학 학습 스타일이 어떤 유형인지를 모릅니다. 알고 있지만 외면하는 부모도 많습니다. "나도 네 학습 스타일이 뭔지는 잘 알겠어. 그런데 그렇게 하면 망하기 때문에 내가 하라는 대로 해야 하는 거야." 하면서 부모 자신이 선호하는 방법을 강요합니다. 그러고는 아이가 힘들어하면, "네가 내 말을 안 들어서 그래." 하며 오히려 아이를 타박하고 한껏 더 밀어붙입니다. "이렇게 해야 맞아." 하면서 억지로 강요하는 것은 정서적 폭력입니다. 일방적인 학습법을 강요당하는 바람에 수많은 멀쩡한 아이가 결국 수포자가 되고 있습니다.

> ✉ 작은아이는 큰아이와 달리 제가 하라는 대로 하지 않아요. 숙제를 하는 태도도 엉망이에요. 수학 학원에 보내도 잘 모르는 것 같아서 다시 확인하며 숙제를 시키려다 보니 곱지 않은 말과 큰 소리가 끊이질 않고 그야말로 전쟁입니다. 화병이 날 것 같아요.
>
> (초5 아들 엄마)

이런 경우는 매우 많습니다. 엄마 자신과 비슷한 성향인 큰아이의 행동은 잘 이해되고 태도도 마음에 쏙 듭니다. 하지만 자신과 다른 성향인 작은아이는 도저히 이해가 안 되고 아이의 학습 방법을 받아들일 수가 없습니다. 작은아이처럼 하는 건 공부하는 것도 아니며 곧 망할 방법이라는 생각에 엄마는 눈앞이 캄캄하고 너무 걱정이 돼서 밤에 잠도 못 잡니다.

> ✉ 제가 고3 때 공부했던 방법을 돌아보면, 저는 척 봐서 잘 모르는 내용이 나오면 일단 모른 채로 남겨두고 끝까지 쭉 한번 읽어 봤어요. 그리고 처음으로 다시 돌아오면 비로소 이해가 되더라고요. 수학도 모르는 문제가 나오면 그냥 건너뛰고 풀어요. 끝까지 한번 다 본 다음에 다시 풀면 신기하게 그 문제가 쓱 풀렸어요. 제가 수학을 잘 한 편이라 결혼해서 아이를 낳고 지금까지 수학 과외 지도를 하고 있어요. 그런데 제 아이는 저와 정반대인 거예요. 모르면 절대 한 발짝도 앞으로 못 나가요. 그 문제를 풀어야만 비로소 다음 문제로 넘어가더라고요. 속으로 '쟤는 왜 저렇게 공부하지? 그러면 안 될 것 같은데'라고 생각했는데, 워낙 아이가 고집이 세서 제 말을 듣지 않아 속으로만 생각할 뿐 강요하지는 않았어요. (대1 딸 엄마)

결과적으로 말하자면, 이 아이는 엄마보다 수학을 훨씬 더 잘했고 수능에서도 만점을 받았습니다. 엄마는 "저는 정말 지금도 신기하게 생각해요. 제 아이를 보면서 아, 저렇게 공부하는 방법도 있구나 싶더라고요." 하고 말했습니다. 다행히 이 엄마는 아이에게 자신의 방법을 강요하지 않았습니다. 이해는 되지 않지만 그래도 아이의 수학 학습 스타일을 존중했기 때문에 아이가 좋은 결과를 얻은 것입니다.

수학 공부 방법은 이게 정답이라는 식의 학습법이 시중에 넘쳐 나고 있습니다. 선배 학부모들이 자신의 경험이나 유행하는 학습법을 따라 하라며 후배 학부모들에게 훈수를 두는 일도 흔합니다. 하지만 그렇게 확실한 방법이 분명히 존재한다면, 왜 현실은 암울해져만 가는 걸까요? 따라 할 수 있는 방법이 있고, 따라 할 수 없는 방법이 있습니다. 그리고 따라 해서는 안 되는 위험한 방법도 있습니다. 그런 방법들이 결과적으로 내 아이를 수포자의 길로 내몰고 있습니다.

　소리 소문 없이 세 자녀를 잘 키운 분이 있습니다. 언뜻 아이들이 다 순해서 엄마 말을 잘 들어 그런 건가 싶었는데, 자세히 들여다보니 아이들 각자 개성도 강하고 그중 한 아이는 성격이 날카로웠습니다. 세 아이 중에 엄마랑 비슷한 성향도 있고 정반대도 있었던 것입니다. 그런데 어떻게 해서 별 갈등도 없이 아이들을 그야말로 성공적으로 키울 수 있었을까요? 비결은, '아이들 각자의 개성에 맞게 대응하는 것'이었습니다. 부모나 선생님이 성공한 방법이 아니라 아이 자신에게 편하고 익숙한 방법, 그게 가장 자연스럽고 가장 효율적인 학습법이라는 것을 알고 계셨던 것입니다.

　특별한 방법이 성공을 만드는 게 아니라 아이마다 각자 맞는 방법이 성공하게 만든다는, 그야말로 교육서에 나오는 뻔한 조언을 지킨 것입니다. 이 경우가 특별한 이유는, 교육서 조언을 잘 지키는 부모가 현실에서는 의외로 거의 없기 때문입니다.

　수학 학습 스타일은 능력이 아니라 기호입니다. 수학을 배울 때 아이가 자신의 기호에 맞게 배우면 굳이 수학을 포기할 이유가 없습니다. 아이의 수학 학습 스타일에 맞지 않는 일방적인 학습법은 학습 효율을 떨어뜨리는 것은 물론이고, 정서적으로 아이를 힘들게 합니다. 아이마다 성격이 다르듯 학습 스타일이 다르고, 수학이라는 과목에 대한 수학 학습 스타일도 다릅니다. 가정에서 수학을 가르칠 때 내 아이의 수학 학습 스타일을 존중하고 지도법에 반영한다면 아이들과 갈등을 겪을 일도 없고, 학습 과정이 매끄러울뿐더러 학습 결과 또한 좋습니다.

요즘 유행하는 수학 교재는 무엇인지, 하루에 몇 시간 정도 공부를 시켜야 하는지, 사고력 수학 학원을 보내야 하는지 등을 고민하기 전에 내 아이의 수학 학습 스타일이 무엇인지를 먼저 파악하는 것이 중요합니다.

조급함을 누르고
멋진 엄마 노릇하기 너무 힘들어요

저는 그 흔한 학습지도 안 시키는 엄마예요. 학원도 물론 안 보냅니다. 경제적 사정도 있고, 제 신념도 그렇고요. 공부는 장기전이니까 지금 성적 절대로 중요하지 않다, 사소한 것에 목숨 걸지 말자 등등 다짐하는 거 굉장히 많습니다. 성적 때문에 아이를 야단친 적도 없습니다. "몇 개 틀렸는지가 중요한 게 아니라 무엇이 틀렸는지가 중요해."라고 말합니다.

굉장히 멋진 엄마 같죠? 그런데 제 마음속에선 속상하고 불안하고 화가 난답니다. 그래도 내 아이가 어느 정도 해 주길, 기본보단 잘해 주길, 아니 더 뛰어나길 바랍니다. 아예 대놓고 100점 맞아라 말하고도 싶어요. 하지만 그러면 다른 엄마들과 다 똑같아질까 봐 꾹 참습니다. 이제 아이가 초등 3학년인데, 아니 벌써 3학년인데 제가 아직도 중심을 못 잡고 있네요. 아이도 저의 이런 마음을 알고 있는 듯해요.

첫째, 멋진 엄마인 척하고 있다.

둘째, 마음속으로는 속상하고 불안하고 화가 난다.

셋째, 조급해하는 엄마의 마음을 아이가 알고 있을 것 같다.

솔루션 Solution

부모 모두가 그렇지 않을까요? 아이한테 정말 멋진 엄마이고 싶은데 속으로는 사실 굉장히 불안한 마음이 있습니다. 저 자신을 돌아봐도 그렇습니다. 나만 똑똑하다고, 나만 멋지다고 생각했던 적이 있습니다. 예를 들어, 아이의 상장을 벽에 붙여 놓는 게 촌스럽거나 유치한 행동이 아님에도 저는 그런 걸 안 좋게 생각했습니다. 남들한테 과시하는 행위라고만 생각했던 것이지요. 그래서 아이가 학교에서 상장을 받아 오면 바로 파일에 넣어서 책장에 꽂아 두었습니다.

당시 저는 그 상장들이 아이에게는 스스로를 자랑스럽게 여기고 더 잘할 수 있다는 자기 암시가 되어 줄 것이라는 생각은 못 했습니다. 또한 내 아이가 자신이 잘한 점들은 가족과 공유하면서 인정받고 싶어 하는 성향일 수 있다는 생각도 못 했습니다. 아이의 입장에서는 상장을 치우는 엄마가 이상해 보였을 것 같아요. '내가 칭찬받을 일을 한 게 아닌 건가?' 하는 생각을 했을 수도 있겠지요.

제가 드리고 싶은 말씀은, 솔직하셔도 된다는 것입니다. "나도 욕심 있는 엄마야. 나도 너한테 바라는 게 있어."라고 솔직히 표현하셔도 됩니다. 그런 생각이 유

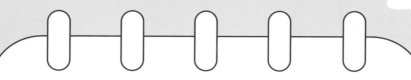

치하거나 나쁜 건 아닙니다. 인간은 다 모순적이기 때문에 어떤 지론이 나의 소신이라 할지라도 완벽하게 일관성을 유지하기는 어려워요.

아이가 지금 눈치 챈 것 같다고 말씀하셨죠. 아이는 부모의 속마음을 정말 잘 알아챈답니다. 엄마가 마음과 다른 말을 하면, 아이는 엄마가 겉으로 하는 말들을 점점 신뢰하지 않게 됩니다. 아주 멋진 엄마, 대놓고 몇 점 받았냐고 묻고 싶지만 참는 엄마는 더 이상 하지 마세요. 아이에게 궁금한 점은 솔직히 물어보시고, "나는 너한테 기대하는 게 있어."라고 말씀해 주시는 것이 좋겠습니다.

겨울 방학 수학 공부,
어떻게 할까요?

저는 초등 3학년, 7세와 5세 아이를 둔 엄마입니다. 큰애가 그동안 책을 많이 못 읽은 것 같아 이번 겨울 방학은 독서를 중점적으로 지도할까 해요. 그리고 수학도 공부하도록 하려고요. 일단 다음 학년 예습으로 4학년 1학기를 훑어 주는 게 좋을 듯한데, 그냥 얇은 문제집을 한 번 풀게 할까요, 아님 교과서를 한 번 풀까요? 혹시 더 좋은 방법이 있을까요?

그리고 내년에 입학하는 둘째 아이의 수학 학습 지도는 어떻게 할까요? 지금 놀이식으로 해 주고 있기는 한데요, 연산을 조금 보충하는 게 좋을까요? 보충을 한다면 어떻게 하면 좋을지 조언 부탁드립니다.

첫째, 큰아이는 초등 3학년 겨울 방학을 앞두고 있다.

둘째, 큰아이가 그동안 책을 많이 못 읽었다.

셋째, 둘째 아이는 놀이식 수학을 하고 있다.

솔루션 Solution

4학년이 되는 큰아이의 수학 학습 스타일이 어떤가에 따라 방법이 달라지는데, 아이에 대한 정보가 없어서 조언을 해 드리기가 조심스럽습니다. 만약 아이가 한 번씩 훑는 것보다는 처음부터 제대로 알려고 하는 성향이라면, 선행 학습용 얇은 문제집보다는 내용이 자세히 나와 있는 교재로 꼼꼼히 공부하도록 하는 게 더 좋습니다. 아이가 수학에 대해 자신감이 없거나 조금 느린 편이라면, 다음 학기 단원 중에서 올해 배운 내용과 직접 연결되는 몇 개 단원들만 뽑아서 예습을 해 주는 것이 좋습니다.

내년에 초등학생이 되는 둘째 아이는 지금까지 놀이로 하는 방식으로 공부해 왔다고 하셨는데, 받아올림과 받아내림 개념이 아직 확실하지 않다면 동전 바꾸기 놀이를 하면서 계산 과정과 결과를 이해하게 해 주는 것도 좋습니다. 게임을 좋아하는 아이라면 '4+7'과 같은 받아올림이 있는 한 자리 수 문제 카드를 여러 장 쌓아 놓고 한 장씩 뒤집으면서 정답을 말하는 놀이도 있습니다. 동화책을 좋아한다면 수학 동화를 통해 연산 개념을 익힐 수도 있습니다.

아이들은 각자의 특성과 스타일이 있습니다. 3학년이 되면 무슨 방법으로 해야 하고, 4학년이 되면 무슨 방법으로 해야 하는 등 모든 아이에게 다 통하는 방법이 무슨 코스처럼 정해져 있는 것은 아닙니다. 아이마다의 기호와 개성을 우선 잘 파악하시기 바랍니다.

통제권이 나에게 있는 아이, 타인에게 있는 아이

자율형 vs 타율형

아직 초등학생이지만 자율성이 길러진 아이도 있고, 중·고등학생이지만 부모님이나 다른 사람을 의지하고 도움받길 원하는 아이도 있습니다.

수학을 공부할 때 내 아이의 모습은 어떤가요? 평소의 내 아이를 떠올리면서 다음 문항에서 가장 비슷한 답을 골라 보세요.

문항	그렇다	아니다
재미없으면 안 하려고 한다.	2	1
자기가 좋아하는 수학 단원은 즐겁게 한다.	2	1
수학 학습 계획을 스스로 짜려고 한다.	2	1
수학 시험 점수에 관심이 없다.	2	1

수학 잘한다는 칭찬을 받거나 상(선물)을 받으면 기뻐한다.	1	2
수학 잘한다는 칭찬을 들어도 별 반응이 없다.	2	1
자기 만족적인 일을 하는 것을 좋아한다.	2	1
칭찬을 받으면 수학을 더 열심히 공부한다.	1	2
11점 이하 : 타율형 12점 이상 : 자율형		

자율형 아이를 위한 수학 지도법

아이를 움직이게 하는 힘이 아이 자신에게 있는 경우 '자율형'이라고 합니다. 자율형 아이는 자신의 목표를 스스로 정하며, 타인에게 의지하지 않고 그 목표를 이루려고 합니다. 또한 주도적으로 행동하고 결과에 대한 책임도 스스로 집니다. 자율성은 타고난 기질이 아니라 환경에서 길러지는 것입니다. 아직 어려도 자율성이 길러진 아이가 있지만, 중·고등학생이 되면서 차츰 자율성을 기르는 아이가 더 많습니다.

자율형 아이는 수학 공부의 필요성과 하고 싶은 욕구가 스스로 생겨나야 공부를 합니다. 본인이 결정하고 판단하려는 자율적인 태도는 누구나 바라는 모습이지만, 어른 말 안 듣는 반항적 성향으로 여기는 경우도 많습니다.

✉ 제가 직장에 다녀와서 수학 문제집 검사를 하는데요, 아이가 숙제를 안 해 놓는 거예요. 분명히 하루에 3쪽씩 하기로 했는데, 번번이 "좀 이따가 할게요." 하고선 빈둥거리다가 결국 안 하기 일쑤입니다. 대체 왜 이러는 걸까요?

(초3 아들 엄마)

엄마가 시키면 시키는 대로 하거나 버티고 버티다가 할 수 없이 간신히 하는 아이라면 타율형으로 볼 수 있지만, 자기가 판단하기에 지금 안 해도 될 것 같은 일은 끝까지 하지 않는 아이라면 자율형입니다. 자율형 아이는 자신이 통제하고 싶어 합니다. 핸들을 본인이 쥐고 있기를 바라고, 타인이 자신에게 이래라저래라 시킨다고 해서 하지는 않습니다. 이런 아이들 중에는 '할 건 하고 놀 땐 노는' 아이가 많은데, 엄마는 '할 건 다 하고, 놀지는 않기'를 바라고 있어서 갈등이 생기기도 합니다.

타인의 평가보다는 자신에게 몰두하고, 자기 자신이 스스로를 인정하는 게 더 중요하다고 생각하는 자율형 아이들은 자기 스타일이나 자기 속도대로 하고 싶어 합니다. 자기 마음이 시킨 일이 아니라면 절대 안 하며, 마음이 내킬 때 움직이고 멈추고 싶어지면 멈춥니다. 따라서 자율형 아이를 억지로 움직이게 하기는 매우 어렵습니다.

자율형 아이는 칭찬을 해도 효과가 없을 때가 많습니다. 한 귀로 듣고 한 귀로 흘리기 때문입니다. 칭찬에 무심한 이유는 자신이 스스로에게 내리는 평가가 아니라 '그들'의 평가이기 때문입니다. 자율형 아이들에게 타인의 칭찬은 별 의미가 없습니다.

이런 아이들은 어떤 판단을 할 때 기준을 스스로 정합니다. 따라서 어떤 결과에 대해 잘했다, 못했다는 평가를 남이 하는 것을 원하지 않습니다. 자기 기준에 따라 스스로 판단합니다. 자기 기준이 높은 자율형 아이는 100점을 받았어도 '겨우 한 번 받은 100점인걸.' 하면서 만족하지 않습니다. 한편, 자율형 아이들 중에 자기 목표 기준이 낮은 아이는 80점에도 만족합니다. 80점이 자신이 정한 기준보다 높기 때문에 만족스러운 것입니다.

이 유형의 아이는 수학 학습의 목표와 방법도 부모나 교사가 아니라 본인 스스로 결정하려고 합니다. 이런 아이들에게 공부는 자기 자신을 위한 것입니다. 자신이 공부해야 할 목적과 목표가 분명하고, 그것의 성취 여부를 본인의 기준으로 평가하려고 합니다. "내가 알아서 할게요."라고 하며, 진도와 교재를 자신이 결정하려고 합니다. 자율형 아이들은 공부를 해야 할 합당한 이유를 스스로 찾기 전에는 움직이지 않습니다. 바로 이 이유가 아이를 움직이게 하고 수학 학습을 촉진시키는 힘이 됩니다.

자율형 아이는 자기 스스로 정한 약속이 아닐 경우 잘 지키지 않습니다. 아이가 엄마와 약속을 해 놓고 안 지키는 이유는, 약속을 정한 사람이 자신이 아니라 엄마라고 생각하기 때문입니다. 엄마가 하도 잔소리를 하니까 귀찮아서 자기는 고개를 한 번 끄덕인 것뿐이라고 생각합니다. 따라서 약속을 지킬 생각도 없고, 책임감도 별로 느끼지 않습니다. 누가 하라고 하거나 하지 말라고 하거나 상관없이 자신이 스스로 정한 대로 하려고 합니다.

이런 아이는 보상을 원하지 않습니다. 자기 자신을 위해서 하는 일이기 때문입니다. 당근도 소용없는 것이 자율형 아이의 특징입니다. 수학이 너무 재미있어서 공부하고 있었는데, 어른들이 "아이고 기특해라." 하면서 자꾸 칭찬하고 선물까지 준다면 점차 타율형 아이가 될 수도 있습니다.

많은 부모는 내 아이가 자율형 아이로 자라기를 바랍니다. 하지만 정작 자율형 아이를 키우는 부모들은 다루기가 어렵고 감당이 안 된다고 말합니다.

내 아이가 자율형이라면?

자율형 아이는 타율형 아이에 비해 수학 문제 해결에서 전략을 다양하게 사용합니다. 고1 아이들을 대상으로 살펴본 연구에 따르면, 예상과 확인, 식 세우기, 논리적으로 추론하기 등을 자율형 아이들이 타율형 아이들보다 더 자주 사용합니다. 자율형 아이들은 주도적으로 문제를 풀려고 하기 때문으로 보입니다.

자율형 아이의 특성은 엄마 의도대로 아이를 움직이게 만들기 어렵다는 것입니다. 따라서 아이가 스스로 움직이고 싶어질 때까지 기다려야 합니다. "그런 날이 올까요? 평생 기다리기만 하면 어쩌죠?"라며 초조해하는 엄마도 있습니다. 하지만 인간의 기본적인 자율성을 믿는다면, 내 아이도 믿어야 합니다. 어느 날 아이 마음이 움직여서 스스로 걷기 시작한다면, 그 아이는 곧 뛰어갑니다. 그리고 멈추고 싶어질 때까지 계속 앞으로 나아갑니다. 아이를 다 키워 본 부모들이 "기다려야 한다."고 조언하는 이유가 바로 이 때문입니다.

자율형 아이에게는 결과를 칭찬하기보다는 "네가 계획한 대로 잘 실천하고 있구나." 하면서 자율적인 태도를 칭찬하고, 아이가 정한 목표와 방법을 받아들이고 인정해 주는 말을 해 주는 것이 좋습니다.

아이 스스로 학습 계획과 세부 실천 사항들을 만들려고 할 때 엄마가 학습 목표와 진도, 교재를 일방적으로 제시하면 안 됩니다. 그저 옆에서 지켜봐 주고, 전적으로 아이의 결정을 존중해야 합니다. 엄마가 조언을 해 줄 수는 있지만 어디까지나 조언일 뿐입니다. 시간이라는 외적 통제 수단으로 채근할 필요도 없습니다. 어차피 안 지킬 테니까요.

한마디로, 아이가 스스로 할 때까지 기다리고, 결과에 연연해하지 않고 과정을 칭찬하며, 학습 목표와 진도 및 교재 등을 아이 스스로 선택하게 하고, 채근하거나 닦달하지 않는 것이 자율형 아이에게 맞는 학습법입니다.

자율형 아이의 수학 지도 원칙

1. 아이 스스로 할 때까지 지켜보고 기다리기
2. 결과가 아니라 과정과 태도에 대해 칭찬하기
3. 학습 목표, 진도, 교재 등을 아이가 정하도록 하기
4. 시간을 지키라고 채근하지 않기

타율형 아이를 위한 수학 지도법

타율형 아이는 시키면 시키는 대로 잘합니다. 스스로 학습 계획표를 짜고 실천하기 바라는 엄마의 마음을 읽고 아이가 그에 맞게 행동한다면, 이 아이는 자율형일까요? 어른 입장에서는 따로 잔소리를 할 필요가 없기에 스스로 알아서 하는 것처럼 보이지만, 수학 학습 계획표를 스스로 짜고 계획표대로 잘 실천한다고 해서 이 아이를 자율형이라고 볼 수는 없습니다. 아이 자신을 움직이게 하는 힘이 부모 등 타인으로부터 나오기 때문에 타율형 아이입니다.

타율형 아이들은 사소한 결정도 스스로 내리지 않거나 그렇게 하지 못하고 부모와 선생님에게 맡깁니다. 자발적인 동기가 낮고 목적의식이 부족하다 보니 자신에게 주어진 의무나 책임을 결국 끝까지 수행하지도 못합니다.

> ✉ 아이가 성실하긴 한데 뭘 물어보면 잘 모르겠다고만 해요. 수학 학원을 갈래 말래 물어봐도 엄마가 결정하라고 하고, 어떤 교재가 좋냐고 물어도 엄마가 알아서 사 오면 된다고 하네요. *(초6 아들 엄마)*

이런 아이들은 자기 결정력과 의지력이 부족하고, 목표나 방법도 본인이 정한 게 아니라서 어느 순간 힘들다 싶으면 포기하기도 합니다. 타율성은 타고나는 게 아니라 사회 문화적으로 학습된 것입니다. 매사 엄마가 결정하고 아이가 이에 순응하는 방식으로 교육이 진행되었다면, 어느새 아이는 타율형이 되어 있을 것입니다.

내 아이가 타율형이라면?

타율형 아이는 자신에게 가장 중요한 타인, 즉 부모나 선생님 등 다른 사람들의 기대와 바람이 동기 부여가 되어서 수학 학습을 합니다. 이 유형의 아이는 '내 능력을 높게 생각하고 나를 믿어 주는 분들께 보답해야겠어.'라고 다짐을 하며, 기대에 보답하고 실망을 시키지 않으려고 열심히 수학 공부를 하는 편입니다. 따라서 "너를 믿는다."는 말은 타율형 아이에게 강력한 동기가 됩니다. "너라면 이 문제는 틀리지 않을 텐데.", "오~ 기대 이상인데?" 식의 칭찬을 해 주면 좋습니다. 아이에 대한 기대를 드러내는 이런 말은 강한 동기 부여가 됩니다.

이 유형의 아이는 타인의 칭찬을 받고 싶어 하고, 칭찬을 받은 뒤에는 더욱 열심히 공부합니다. 칭찬을 할 때는 "잘했어."라는 식의 '성취 결과'에 대해 평가하는 말이 효과적입니다. 잘했다, 못했다는 판단의 기준이 타인에게 있고, 타인이 인정해 주어야 비로소 안심하기 때문입니다.

타율형 아이에게는 목표와 방법을 제시해 주는 것이 효과적입니다. "이번 시험은 90점을 받자."라는 식의 구체적 목표를 정해 준다면, 목표를 무엇으로 정할 것인지에 대해 고민할 필요 없이 결과를 향해 나아갈 수 있으므로 아이로서는 큰 도움이 됩니다. 따라서 엄마가 학습 진도를 정해 주세요. 만약 아이가 교재도 골라 달라고 한다면, "네가 골라야지." 하고 처음부터 스스로 선택하도록 권하기보다는 직접 골라 주세요. 그러다가 차츰 아이가 교재를 보는 눈이 생기고 자신에게 맞는 교재가 무엇인지를 파악할 수 있게 되면 "이번에는 제가 고를게요."라고 하는 순간이 옵니다. 그렇게 차츰 아이에게 주도권을 넘겨주는 것이 좋습니다.

타율형 아이에게는 약속을 강조하는 방법이 좋습니다. 자율형 아이가 재미를 느끼지 못하는 일은 안 하려고 하는 데 반해서 타율형 아이는 재미가 없어도 약속을 지키기 위해 힘든 걸 참고 합니다. 이 유형의 아이들은 제한 시간을 정해 주는 것을 좋아하고, 그에 스스로를 맞추려고 노력합니다. 따라서 숙제를 마칠 시간을 정해 주면 더욱 효과적입니다.

또한 타율형 아이에게는 보상을 줄 필요도 있습니다. 자기 자신을 위해 공부하는 자율형 아이는 공부 그 자체가 보상이라서 다른 선물이 필요 없다고 생각합니다. 하지만 타인들이 원해서 공부를 하는 타율형 아이는 그들의 바람을 들어주었으니 자신이 선물과 칭찬을 받는 것은 당연하다고 생각합니다. 아이가 적당한 보상을 원하면 타협하는 것도 성취를 높이는 데 효과적입니다.

어려서는 타율형인 아이가 더 많습니다. 하지만 언제까지 타율형으로 자라게 할 수는 없겠지요. 아직 어려서 지금은 타율형이더라도 장차 자율형이 되도록 하려면 하나씩 아이에게 주도권을 넘겨주는 연습이 필요합니다. 아이가 스스로 결정하고 행동할 기회를 점점 더 많이 주어야 자율성을 키워 갈 수 있습니다.

타율형 아이의 수학 지도 원칙

1. 기대를 드러내기 : "네가 잘할 거라고 믿는다."

2. 결과에 대해 칭찬하기 : "아주 잘했어!"

3. 학습 목표와 진도, 교재 정해 주기

4. 약속 강조하기 : "9시까지 마치기로 했지? 너는 시간 약속을 참 잘 지키더라."

5. 아이가 원할 경우 적절한 보상 주기

뭘 해도 느릿느릿하고
할 일을 미루려고 해요

초등 3학년 아이에게 수학 문제를 설명하다 보면 답답하고 화가 나서 큰 소리를 치게 돼요. 그래서 학원에 보냈어요. 아이는 좋아했지만 제가 생각하던 학습 방법이 아니어서 4개월 만에 학원을 끊었어요.

이번 수학 단원 평가는 온전히 아이에게 맡겼는데, 절대 스스로 안 하더라고요. 시험 준비를 어떻게 하고 있냐고 물었더니, 학교에서 배우는 걸로 충분하다고 태연하게 말했어요. 결과는 자명했죠. 그 점수 받고 기분이 어떠냐고 했더니, 자기가 준비를 못 해서 성적이 안 나온 것 같다고 하더군요. 그런데 그게 끝이었어요.

아이는 시간 개념이 없고, 스스로 책상에 앉는 법이 없어요. 미루고 미루다 저녁에서야 학습을 시작해요. "왜 엄마는 저녁 시간만 되면 짜증이 나는지 모르겠다."고 했더니, 자기가 너무 느긋해서 그렇다네요. 아이 자신도 잘 아는 것 같은데 왜 안 바뀔까요?

첫째, 단원 평가 준비를 스스로 하지 않는다.

둘째, 학교에서 배우는 걸로 충분하다고 생각한다.

셋째, 시간 개념이 없고 느긋하다.

이 아이는 자율형으로 보입니다. 하지만 단원 평가 준비를 스스로 하지 않는 모습 때문에 엄마는 이 아이가 자율형은 아니라고 생각할 것입니다. 시간이라고 하는 것은 타율적으로 나를 통제하는 외적 장치입니다. 그런데 이 아이는 외적 통제에 구속되지 않습니다. 그리고 단원 평가 준비를 하고 말고에 대해서도 학교 공부만으로 충분하다며 본인이 스스로 판단하고 있습니다. 그 결과 점수에 대해서도 자기가 준비를 못 해서 성적이 안 나온 것 같다고 솔직히 인정하고 있습니다.

자율형 아이들은 자기가 어떤 목표를 정하고 나면 누가 뭐래도 나아가지만, 그렇지 않은 경우에는 절대 움직이지 않습니다. 알면서 왜 고치지 않을까라고 물으셨는데, 자율형 아이는 옆에서 학습 동기를 불어넣어 줄 수가 없습니다. 아이 스스로 동기가 생겨야 움직이기 때문입니다.

그런데 엄마는 자신이 바라는 어떤 이상형을 아이에게 계속 요구하고 있습니다. 결정적으로, 엄마는 아이가 먼저 안 다니겠다고 한 건 아닌데도 엄마의 기대에 어긋난다며 학원을 4개월 만에 끊어 버렸습니다. 저녁이 되면 짜증이 나는 엄마의 마음을 아이가 헤아려 주기를 바라기도 합니다.

아이가 엄마 마음을 읽어서 행동하기를 바란다는 측면에서 엄마 자신은 사실 내 아이가 타율형이었으면 하는 것으로 보입니다. 아이가 자율형이 되기를 바란다면, 초등 3학년이라 하더라도 선택의 주도권을 아이에게 넘기고 기다려 주셔야 합니다.

수학에 흥미가 많지만
스스로 하려고는 안 해요

초등 4학년인 저희 아이는 지난 겨울 방학 때부터 기본에서 심화까지 총 4권의 문제집을 풀고 있습니다. 아이가 수학에 흥미가 많지만, 스스로 찾아서 하는 그런 스타일은 아니에요. 계획표에 있는 것은 꾸준히 하는 편이고, 일단 한번 시작하면 집중력 있게 끝내는 스타일입니다. 빨리빨리 푸는 스타일이라서 처음 풀 때는 많이 틀리는데 다시 풀 때는 힌트를 주지 않아도 거의 다 맞힙니다.

이런 점들은 어떻게 고칠 수 있을까요? 저희는 외진 시골에 살고 있어서 학원이나 과외 등의 방법을 이용하기 어렵습니다. 앞으로 아이가 크면 인터넷 강의 활용도가 늘 텐데, 수학에서는 인강이 어떨지 알고 싶습니다. 전반적으로 제가 교육 계획을 짜는 편인데, 어떻게 하면 아이 스스로 짜도록 이끌 수 있을까요? 그 시기는 언제쯤이 적당할까요?

첫째, 계획표에 있는 것을 꾸준히 하는 스타일이다.

둘째, 학습 계획표는 엄마가 짜 왔다.

셋째, 스스로 공부하는 스타일은 아니다.

솔루션 Solution

이 아이는 타율형으로 보입니다. 지금까지 엄마가 학습 계획표를 짜고, 아이는 계획표대로 성실히 공부해 왔다는 점에서 그렇습니다. 타율형인 아이는 칭찬이나 선물 등의 보상을 주는 것이 좋습니다. 빨리빨리 푸느라 처음 정답률이 높지 않은 것을 어떻게 고칠 수 있냐고 하셨는데, "실수하지 않고 다 맞히면 어떤 보상을 줄까?" 하고 아이에게 물어보세요. 그리고 아이가 원하는 대로 해 주면 됩니다.

고등학교 아이들은 인터넷 강의로 수학 공부를 많이 합니다. 아이가 자기 조절력이 있고 수학에 대한 흥미가 있으며 욕심이 많다면 초등학생도 가능한 학습법입니다. 이 아이는 수학에 흥미가 있고 성실한 편이라서 인강을 들어도 좋을 것 같습니다.

언제 자율형이 될지는 정확히 알 수 없습니다. 어느 날 갑자기 스스로 하게 되는 게 아니고 점진적으로 바뀌어 가기 때문입니다.

아이가 스스로 계획을 짜게 하려면 단계적으로 접근하세요. 처음에는 '목표'를 제시해 주어야 합니다. 엄마가 목표를 정해 주거나 같이 정하고 나면, 그 목표를 달성하기 위해 아이 스스로 계획을 짜게 해 주세요. 문제집을 고르거나 어느 인강을 들을지 등을 정할 때도 앞으로는 아이에게 먼저 물어보시기 바랍니다.

아이와 함께 의논하고 최종적으로는 아이가 선택하도록 해야 자율형이 됩니다.

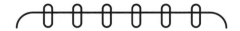

경쟁을 즐기는 아이,
함께 공부하려는 아이

경쟁형 vs 협동형

수학은 경쟁심이 있어야 잘한다고 생각하는 분들도 있고, 경쟁심만 많으면 이기적이어서 못쓴다고 생각하는 분들도 있습니다. 또한 수학은 여럿이 토론하면서 공부해야 이해가 잘된다고 하는 분들도 있고, 수학이야말로 집중해서 혼자 공부해야 한다는 분들도 있습니다.

수학을 공부할 때 내 아이의 모습은 어떤가요? 평소의 내 아이를 떠올리면서 다음 문항에서 가장 비슷한 답을 골라 보세요.

문항	그렇다	아니다
수학에서 남들보다 앞서는 것을 좋아한다.	2	1
수학 공부를 할 때 게임식으로 하는 것을 좋아한다.	2	1
다른 친구들의 시험 점수를 궁금해한다.	2	1

수학 시험을 못 봐도 다음에 잘 보면 된다고 한다.	1	2
수학 공부를 할 때 친구들과 함께 하는 것보다는 혼자 하는 것을 좋아한다.	2	1
자기가 다른 친구들보다 수학을 잘하는지 궁금해한다.	2	1
수학 시험 보기 전에 다른 친구들에게 얼마나 공부했는지 물어본다.	2	1
다른 친구들보다 수학을 더 잘하고 싶어 한다.	2	1
수학 시간에 선생님의 질문에 다른 친구들보다 먼저 대답하려고 한다.	2	1
평균 13점 이하 : 협동형 평균 14점 이상 : 경쟁형		

경쟁형 아이를 위한 수학 지도법

경쟁형 아이는 다른 친구들보다 더 잘하고 싶어 합니다. 수학 공부할 때도 다른 친구들보다 더 잘하기 위해 노력하고, 좋은 점수를 받고 싶어 하거나 선생님의 눈에 띄기를 바랍니다. 칭찬이나 상을 받으려면 다른 친구들과의 경쟁에서 이겨야 한다고 생각하고, 수학 시간을 '이기고 지는 승패의 장'으로 여기는 편입니다.

이런 유형의 아이는 답을 말하기 전에 모둠 친구와 먼저 의논하기보다는 혼자 생각해서 말하고, 함께 해결해야 하는 문제에 대해서도 혼자만 살펴보는 편입니다. 초등 3학년 아이들을 관찰한 한 연구에 따르면, 경쟁형 아이들은 수학 수업 시간에 질문을 적게 했으며, 모둠 친구들과 의논 없이 곧바로 답을 이야기했습니다.

이 유형의 아이는 좋은 성적을 얻고 싶어 하고 선생님의 관심을 받고 싶어 하며, 그러려면 다른 친구들보다 눈에 띄어야 한다고 생각합니다. 경쟁을 해서 이기면 선생님이 "잘하네." 하고 관심을 보일 테니까요.

이런 아이들은 수학 수업도 그냥 문제를 푸는 것보다는 게임식으로 하거나, 누가 얼마나 더 빨리 더 많이 맞히는지 시합을 하면서 공부하는 것을 즐깁니다. 자기효능감이 높은 학생일수록 친구들과 협력하기보다는 경쟁적인 학습을 선호한다는 연구 결과도 있고, 경쟁형 아이들이 '국어, 영어, 수학, 사회, 과학' 같은 주지 과목을 협동형 아이들보다 더 좋아한다는 연구 결과도 있습니다.

수학 수업이 다른 과목 수업에 비해 경쟁을 강조해 왔다고 비판하는 목소리도 있지만, 내 아이가 경쟁형이라서 수학을 잘할 것이라고 다행스럽게 생각하는 부모도 있습니다.

초등학교 선생님들은 경쟁형 아이들이 대개 공격성이 있는 편이라고 우려하며, 지나친 경쟁에 집착할 경우 오히려 자신의 목표를 이루지 못하는 부작용도 겪는다고 보는 편입니다. 실제로 학교 현장에서 보면 경쟁심이 지나쳐 타인의 노력을 방해하거나, 다른 친구들을 절대 도와주지 않는다거나, 모르는 게 있어도 친구나 선생님에게 결코 물어보지 않는 아이가 많습니다.

내 아이가 경쟁형이라면?

경쟁형 아이의 장점은 자신의 능력이 남들보다 뛰어나다는 것을 인정받고 싶어 하며, 경쟁에서 이기기 위해 노력한다는 점입니다. 하지만 경쟁심이 지나칠 경우 모르는 문제를 남에게 절대 묻지 않고 그냥 덮어 두거나, 자신이 이길 수 없을 것 같으면 아예 학습을 포기하는 등의 모습도 보입니다. 수학 학습의 목표가 다른 친구들을 이기는 데만 있다면 수학 자체에 대한 흥미는 떨어질 수밖에 없습니다.

경쟁형 아이들 중에는 게임식으로 공부하는 것을 좋아하는 아이도 있고, 집에서 혼자 공부하거나 일대일 개별 과외를 받는 것을 좋아하는 아이도 있습니다.

> ✉ 저희 아이는 지금까지 사교육 없이 집에서 혼자 수학을 공부하고 있고, 영어도 집에서 하고 있습니다. 아이 스스로도 학원 다니는 친구들보다 자기가 수학을 잘하고 있다고 믿고 있으며, 아직까지는 수학에 대해 자신감이 넘칩니다.   (초6 아들 엄마)

경쟁형 성향을 가진 아이에게 계속 경쟁하도록 지나치게 부추긴다면 향후 수학을 더 열심히 할 가능성이 낮아집니다. 예를 들어, 아이가 수학 시험을 보고 집에 왔을 때 습관적으로 "다른 아이들은 몇 점 받았니?" 또는 "A는 몇 점이야?" 하고 묻는 것은 아이가 그 친구들을 경쟁자로 의식하게 만들며, 공부할 때 그 친구와 자신을 자꾸 비교하게 만듭니다. "오~ 지난번보다 잘했구나. 공부를 열심히 하더니 보람이 있네.", "열심히 했는데 생각보다 점수가 안 나와서 속상하겠구나. 원인이 뭔지 한번 생각해 보자."라고 표현하는 것이 좋습니다. 이런 표현은 아이가 시험 결과를 자기 평가의 기회로 삼고 수학을 포기하지 않도록 하는 효율적인 방법입니다. 아이가 자신의 발전을 위해 새롭게 도전하는 과정에서 수학에 대한 동기와 흥미가 높아지기 때문입니다.

타인과의 과도한 경쟁은 결국 수학에 대한 흥미를 없앤다는 점을 반드시 염두에 두어야 합니다. 경쟁형 아이에게는 수학 점수로 다른 아이들과 비교하기보다는 경쟁의 대상을 '자신'으로 삼아 자기 평가의 기회로 만들도록 격려해 주시기 바랍니다.

경쟁형 아이의 수학 지도 원칙

1. 수학의 흥미를 높이기 위해 게임식 수업을 한다.
2. 경쟁심을 지나치게 부추기지 않는다.
3. 다른 아이는 몇 점인지 묻지 않는다.
4. 수학 시험 결과를 자기 평가의 기회로 삼도록 격려한다.

협동형 아이를 위한 수학 지도법

협동형 아이는 수학 공부할 때 친구들과 함께 공부하면서 지식과 재능을 서로 나누며 배우고 싶어 합니다. 자신의 생각과 능력을 다른 친구들과 서로 나누면서 공부한다면 혼자 공부하는 것보다 더 많이 배울 수 있다고 생각하기 때문입니다.

이 유형의 아이는 다른 친구들과 함께 논의하며 토론식으로 공부하는 것을 좋아하기 때문에 소그룹으로 토론하는 수학 수업이 효과적입니다. 친구들은 물론 선생님과도 소통이 잘되는 편입니다. 그래서인지 일반적으로 교육자들은 경쟁형 아이보다는 협동형 아이를 좀 더 좋게 보는 경향이 있습니다. 하지만 부모들 중에는 아이가 승부욕이 없어서 걱정하는 분도 많습니다. 수학 수업이 특히 경쟁을 강조하는 구조이기에 아이가 승부욕이 없으면 수학을 잘 못할 것 같다고 생각합니다.

> ✉ 둘째는 욕심이 많고 빠릿빠릿합니다. 그런데 큰아이는 받아들이는 속도가 조금 느립니다. 그렇다고 머리가 나쁜 것 같진 않습니다. 몸을 움직이고 뛰는 걸 좋아하지만 자기가 잘하지 못해서 승부욕이 없는 것 같기도 합니다. (초2, 초6 엄마)

경쟁형과 협동형, 둘 중에 어느 유형이 더 교육적으로 바람직한지에 대해서는 정답이 없습니다. 단지 스타일의 차이일 뿐, 수학 실력과도 상관이 없습니다. 경쟁형 아이와 협동형 아이 중에서 어느 유형이 수학 공부에 더 유리하다고 단적으로 말할 수도 없습니다.

영재아들은 대개 경쟁형일 것 같다고 생각하지만, 경쟁형도 있고 협동형도 있습니다. 초등 5~6학년 수학 영재 69명과 일반 아동 66명을 대상으로 협동형과 경쟁형에 대한 선호도를 알아본 연구에 따르면, 영재 아동과 일반 아동의 선호도에는 별 차이가 없었습니다. 수학, 과학, 정보 영재 아동 96명과 일반 아동 98명을 대상으로 한 연구 결과에서도 영재 아동들이 모두 경쟁형인 것은 아니었습니다. 경쟁형인지 협동형인지는 타고난 기질이 아니므로 자라면서 바뀔 수 있습니다. 어려서는 협동형인 아이가 학년이 올라가면서 경쟁형이 되기도 합니다.

내 아이가 협동형이라면?

협동형 아이들은 친구들과 함께 공부하는 것을 좋아합니다. 운동을 좋아하는 아이들 중에 달리기와 같은 기록경기보다 여럿이 팀을 이루어 하는 경기를 좋아하는 아이라면 협동형에 속한다고 볼 수 있습니다.

> ✉ 우리 딸은 운동을 좋아해요. 특히 이어달리기랑 피구를 좋아하고, 꿈은 교사예요.   (초4 딸 엄마)

> ✉ 친구를 엄청 좋아해서 학교 끝나면 늘 시간이 맞는 누군가와 놀다가 5시쯤 집에 들어옵니다. 집에 오면 동생과 나름대로 또 쉬는 시간을 갖고요. 선생님들을 좋아해서 선생님이 숙제로 내 주시는 것은 열심히 하려고 합니다.   (초3 딸 엄마)

이런 유형의 아이에게는 일대일 개별 수업보다는 소그룹 활동 수업이 좋습니다. 초등학교 5학년 학생 64명을 대상으로 연구한 결과에 따르면, 소그룹 활동 수업은 개인 수업에 비해 아이가 갖는 책임감과 부담이 분산되면서 긴장감을 줄여 주는 긍정적 효과가 있었습니다. 그룹을 만들 때는 성적이 비슷하고 친한 친구들로 구성하는 것이 좋습니다. 서로 친하고 성적도 비슷한 아이들끼리 상호작용하면서 공부하다 보면 수학에 대한 흥미도 높아지기 때문입니다.

> ✉ 선생님과 단둘이 하는 수업은 따분해요. 친구들이랑 왁자지껄하며 공부하면 공부가 더 잘돼요.　　　　　　　　　　(초6 여학생)

이런 유형의 아이들은 국영수사과의 주지 과목보다는 그 외 과목을 더 좋아하는 경향이 있습니다. 일반 교과 수업에서는 각자 혼자 문제를 풀고 맞히는 쪽으로 수업이 진행되어 협동형 아이들의 장점이 드러나지 않기 때문일 수 있습니다.

협동형 아이에게도 경쟁형 아이들과 마찬가지로 수학 점수로 다른 아이들과 비교하는 것은 바람직하지 않습니다. 오히려 반발심을 갖게 할 수 있습니다. 협동을 통해서 문제를 해결하는 기쁨을 경험하도록 하는 것이 더 효과적입니다. 그룹 내에서 자신의 능력이 도움이 된다는 것을 알면, 팀에 도움이 되기 위해 더욱 노력하기 때문입니다.

협동형 아이의 수학 지도 원칙

1. 수학에 대한 흥미를 높이기 위해 토론식 수업을 한다.

2. 경쟁식 수업보다는 서로 도와주는 방식의 수업을 진행한다.

3. 개별 수업보다는 소그룹 수업을 한다.

4. 성적이 비슷한 또래들과 그룹을 만든다.

5. "누가 누가 더 잘하나 보자."는 등의 말은 되도록 삼간다.

경쟁심이 없고
자발적으로 하지 않아요

초등 4학년 큰딸은 개념 부분을 설명해 준다고 하면 싫다고 하고, 다른 사람들이 하는 칭찬에도 관심이 없습니다. 반면에 초등 2학년 둘째 딸은 1등을 하고 싶어 하고, 빨리 풀고 싶어 하며, 남들보다 잘하고 싶은 마음이 강해요. 제가 말하지 않아도 스스로 하는 편이고요.

큰애는 문제집을 고르라고 하면 쉬운 것만 고르고, 공부도 동기를 가지고 자발적으로 열심히 하는 것 같지 않아요. 집중력에도 문제가 있어서 여러 번 풀어야 겨우 답이 나오고, 문제를 풀 때 시간도 오래 걸려서 연산 속도를 높이기 위해 시간을 재고 있습니다.

토론식 심화 수학을 하는 학원에 다니고 있는데, 학원은 좋아해요. 학원 숙제를 채점했더니 65점이기에 다시 풀라고 했는데, 그냥 틀린 채로 학원에 가져가겠다고 합니다. 큰아이가 스스로 더 잘하려고 하는 마음이 안 보여서 어떻게 해야 할지 모르겠습니다.

첫째, 아이가 다른 사람의 칭찬에 관심이 없다.

둘째, 쉬운 문제집만 선택한다.

셋째, 더 잘하려는 마음이 안 보인다.

솔루션 Solution

잘하려고 하고 1등을 하고 싶어 하는 둘째와 달리, 많이 틀린 문제를 다시 풀지 않고 그냥 학원에 간다는 큰아이가 이해되지 않아 엄마가 답답해하는 게 느껴집니다. 다른 사람의 칭찬에 관심이 없다는 것만 본다면, 이 아이는 누가 시켜서 하는 타율형은 아닌 것 같습니다. 현재 다니고 있는 토론식 학원을 좋아하는 것으로 본다면, 아마도 협동형 아이인 것 같습니다.

둘째와 같은 경쟁형 아이가 아니라고 해서 학습 동기도 없고 공부에 관심이 없다고 볼 수는 없습니다. 엄마 눈에는 경쟁에 무심하고 더 잘하고 싶은 욕심도 없어 보이지만, 이 아이는 이제 4학년입니다. 스스로 공부할 분야를 찾았다고 보긴 어렵고, 지나치게 경쟁심을 강요받는 데 반발하면서 아이 나름대로 대응하고 있는 것일지도 모릅니다.

따라서 아이에게 지나친 경쟁을 강조하지 않았으면 합니다. 또래와 함께 협동하며 공부하는 환경을 만들어 주고, 아이가 자신의 목표를 찾을 때까지 기다려 주면 좋겠습니다.

경쟁심이 너무 강한 아이,
어떻게 할까요?

초등 1학년인 아이는 지금까지 학원이나 학습지 없이 생활 속에서 놀이로 재미있게 수학을 접하고 있어요. 단추를 가지고 놀거나 과자 먹으면서 수 세기와 분류를 알게 하고, 바둑과 체스나 보드 게임 등을 활용하며, 수학 동화도 가끔 읽어 주는 식으로요. 초등 저학년은 공부하는 힘과 습관을 키우는 게 중요할 듯해서 피아노와 바둑 외에는 사교육을 하지 않고 밖에서 뛰어놀게 하고 있어요.

그런데 최근에 친구들이 수학 학원에 다니는 것을 보고 아이가 많이 부러워해요. 자기는 아무것도 안 한다면서요. 하지만 아이가 가뜩이나 경쟁심이 강해서 학원은 아직 안 보내려고 합니다. 하루에 한 장씩 문제집을 해 보기로 했어요. 벌써 문제집의 세계에 들어가야 하나 하는 생각도 들고, 어떻게 할지 걱정이에요.

첫째, 생활 속 수학 놀이를 해 주고 있다.

둘째, 성취욕과 경쟁심이 강하다.

셋째, 학원에 가고 싶어 한다.

솔루션 Solution

초1 아이가 벌써 학원에 가고 싶어 한다니, 성취욕도 강하고 경쟁심도 있어 보입니다. 게다가 다른 아이들이 학원 다니는 것을 보고 아이가 자극을 받고 있는 상황인 것 같습니다.

엄마는 아이가 경쟁심이 강해서 학원에 가는 것이 해로울 거라 생각하고 있습니다. 하지만 다른 친구들보다 더 잘하고 싶어 하는 경쟁형 아이는 집에서 엄마랑 공부하면 자기만 손해를 본다고 생각하고 불만을 가질 수 있습니다. 아이의 욕구를 존중해 주세요.

벌써부터 학원에 보내고 싶지 않다는 엄마의 신념에만 몰두해서 아이의 욕구를 무시하지 마시고, 잠깐이라도 학원에 보내 보는 것은 어떨까요? 지금 엄마 마음이 혼란스러운 것은 아이의 욕구를 모른 체하는 것이 괴롭기 때문일 수 있습니다.

아이의 경쟁심을 나쁘게만 생각지 마시기 바랍니다. 부모가 수학 점수로 다른 아이들과 비교하지 않고, 아이 또한 경쟁의 대상을 자신으로 삼아 더 노력한다면 결과적으로 수학 실력도 높아지고 더욱 발전할 것입니다.

규칙적으로 공부하는 아이,
몰아서 공부하는 아이

규칙형 vs 벼락치기형

수학은 규칙적으로 공부해야 한다고들 말합니다. 한꺼번에 몰아서 공부하지 말고 적당량을 정해 매일, 또는 일주일에 며칠씩은 규칙적으로 해야 잘하게 된다는 것입니다. 반면, 하고 싶을 때 몰아서 한꺼번에 공부해도 된다는 의견도 있습니다.

내 아이는 어떤 스타일인가요? 수학을 공부할 때의 아이를 떠올리며 다음 문항에서 가장 비슷한 답을 골라 보세요.

문항	그렇다	아니다
수학 공부를 하기 싫어도 매일매일 조금씩 하는 편이다.	2	1
수학 공부는 하고 싶을 때 한꺼번에 많이 하는 편이다.	1	2
수학 숙제는 여유 있게 미리미리 하는 편이다.	2	1

마쳐야 할 시간에 임박해서 숙제를 하는 편이다.	1	2
미리 해 두지 않으면 불안해서 평소에 꾸준히 하는 편이다.	2	1
해야 할 수학 숙제가 항상 밀리는 편이다.	1	2
해야 할 수학 공부를 한꺼번에 몰아서 하려고 한다.	1	2
수학 시험 전날 벼락치기로 공부하는 편이다.	1	2
평균 12점 이하 : 벼락치기형 평균 13점 이상 : 규칙형		

규칙형 아이를 위한 수학 지도법

규칙형 아이는 자신이 계획한 바에 따라 규칙적으로 차근차근 공부해서 정해진 시간에 잘 마치는 편입니다. 순차적이고 질서정연하며 안정된 것을 좋아하는 이런 유형의 아이는 구체적이고 현실적인 것에 관심이 많은 경향이 있습니다. '하루라도 수학 공부를 안 하면 안 된다.'거나 '수학은 규칙적으로 공부해야 한다.'는 생각을 하는 부모가 이런 유형에 속하며, 많은 부모가 자신의 아이에게 규칙적인 공부 습관을 갖게 하려고 노력하고 있습니다.

내 아이가 규칙적으로 꾸준히 공부하는 스타일이라면, 그것만으로도 주변 부모들의 부러움을 살 것입니다.

✉ 수학을 굉장히 좋아하고 호기심이 많아 추리, 논리 문제 푸는 것

도 좋아하는 아이입니다. 학교 시험에서는 한두 개 틀리거나 다 맞는 수준이고요. 지금은 학원을 두 군데 다니는데, 숙제가 좀 부담이지만 수업 자체가 재미있다면서 잘 다니고 있습니다. 집에서는 학교 진도에 맞춰 자습서로 복습하고, 가끔 심심할 때는 사고력 문제집도 풉니다. 지난 겨울 방학에는 응용 문제집을 사서 풀며 혼자 4학년 1학기 선행 학습을 했습니다. (초4 아들 엄마)

흔하지는 않지만 이런 아이가 있습니다. 일반적으로 규칙형 아이들이 벼락치기형 아이들보다 적습니다. 고등학생이나 대학생을 대상으로 한 연구에서도 규칙형 비율이 적었습니다. 엄마들은 내 아이가 규칙적으로만 공부하면 실수도 없고 잘하게 될 거라고 믿으며, 그런 공부 습관을 들이도록 지도하고 있습니다.

내 아이가 규칙형이라면?

규칙적으로 공부하면 장기 기억이 강화되어 지식이 차곡차곡 쌓인다는 장점이 있습니다. 그런데 규칙형 아이들은 단지 규칙적으로 학습한다는 것 외에 특별한 학습 전략을 가지고 있지 않는 경우가 많습니다. 영재아들을 대상으로 한 연구에 따르면, 규칙형 아이들이 벼락치기형 아이들에 비해 '인지초인지전략' 영역 점수가 낮았습니다. 인지초인지전략이란 공부할 때 교재 내용을 정리하면서 생각을 구체화한다거나, 공책과 참고서를 꼼꼼히 읽으면서 핵심 내용을 파악하는 능력을 말합니다. 한마디로 인지초인지전략이 부족하면 공부할 때 비계획적으로 하고, 효율적인 학습 전략이 부족하며, 전략이 있어도 잘 활용하지 못합니다.

> ✉ 우리 아이는 일곱 살 때부터 초등 2학년 때까지 연산 학습지를 했습니다. 저는 학습지를 매일 규칙적으로 꾸준히 하면 수학 공부가 해결되는 줄로만 알았습니다. 그런데 아이가 이번에 단원 평가에서 수학을 75점 받아 온 걸 보고 크게 충격을 받았습니다. (초3 딸 엄마)

규칙형 아이가 학업 성취를 높이려면 '핵심 파악하기' 등의 전략을 사용하는 것이 좋습니다. 또는 일정한 간격을 두고 나누어서 규칙적으로 학습하는 '분산 학습'도 좋습니다. 분산 학습이 더 효과적이라고 보는 것을 '분산 학습 효과(spacing effect)'라고 합니다. 일정한 간격을 두고 학습하는 것이 효과적인 이유는, 쉬는 동안 잊어버렸던 내용을 이후 다시 공부하면서 더욱 신경 써 하게 되어 장기 기억으로 남고, 결과적으로 오래 기억하게 되기 때문입니다.

규칙형이냐 벼락치기형이냐 하는 것은 타고난 기질이라기보다는 환경적으로 길러진 습관으로 보아야 합니다. 고등학교 여학생들 중에 규칙형인 경우가 많은데, 이 여학생들이 나중에 엄마가 되면 아이들도 규칙형으로 키우는 경향이 많습니다.

규칙형 아이의 단점은, 규칙적으로 공부하다 보면 타성에 젖을 수 있다는 점입니다. 타성에 젖어 공부를 하다 보면 종종 실수도 저지릅니다. 매일 일정 분량씩 규칙적으로 비슷한 종류의 문제를 많이 풀다 보면 주의력이 떨어지고, '어제 풀던 방식대로 풀면 되겠지.' 하면서 타성에 젖어 대충 읽고 문제를 풀기도 합니다.

더 큰 문제는 지루한 학습의 반복으로 인해 수학에 흥미가 떨어질 수 있다는 점입니다. 저학년 때는 규칙적으로 곧잘 하다가도 점점 계획을 미루고 흥미를 잃을 수 있습니다. 규칙적으로 공부하면서도 수학에 흥미를 갖게 하려면, 문제집을 다양하게 구성하거나 가끔씩 일정 기간 쉴 수 있는 여유를 주는 게 좋습니다. 종종 이런 변화를 주면 주위를 환기시켜서 새로운 기분으로 공부할 수 있습니다.

너무 빡빡한 규칙은 결국 지키지 못하게 된다는 점도 유의해야 합니다. 규칙형 아이라도 자신이 정한 규칙을 제대로 지키지 못할 수 있습니다. 따라서 규칙적인 학습 계획을 세울 때는 좀 여유를 두어서 학습을 잘 이어 갈 수 있도록 하는 융통성이 필요합니다. 또한 시간보다는 양에 규칙을 적용하는 것이 더 좋습니다. '매일 몇 시부터 몇 시까지 수학 공부'라는 식으로 시간을 정한다면, 급한 일이 생길 경우 계획 자체를 송두리째 포기하게 될 수도 있기 때문입니다.

학교에서는 단체 생활을 하므로 정해진 시간표대로 학습해야 하지만, 가정에서는 융통성을 발휘할 수 있습니다. 아이가 지금 다른 과목에 집중하고 있는 중이라면, 수학 학습은 더 늦은 시각으로 미루거나 다음 날 하도록 합니다. 융통성과 관련해서 제가 상담한 두 사례를 들어 보겠습니다.

한 초등 5학년 P 학생은 엄마가 매일 30분씩 공부하게 했다면서, "저는 논 적이 하루도 없어요."라고 말했습니다. "내가 아프다는데도 억지로 공부하게 해서 엄마가 밉고 서운해요."라고도 했습니다.

하지만 5학년 S 학생의 경우는 엄마가 융통성을 발휘해 수학 학습에 대한 만족감이 높았습니다. S 학생의 엄마는 아이가 매일 해야 할 분량을 정하기는 했지만, 4일 동안 쉬었다가 금요일 하루에 몰아서 하게도 했습니다. 그랬더니 아이는 "저는 일주일에 하루만 공부하고 나머지 날에는 놀아요. 우리 엄마는 내 생각을 존중해 주세요." 하고 말했습니다.

P와 S 학생 모두 한 주 동안 해야 할 학습량이 정해져 있다는 것은 같습니다. 하지만 한 아이는 쉬는 날이 전혀 없고, 다른 한 아이의 기억 속에는 자기가 늘 여유롭게 자유를 즐긴다고 여기고 있더라는 것입니다. 실제로 S 학생 엄마의 경우, 아이가 그날 해야 할 양을 매일 마치지 못했더라도 어쨌든 그 주 안에 전체 학습량을 마무리하면 주말에는 아이가 좋아하는 야구를 실컷 할 수 있는 자유 시간을 보상으로 주었다고 합니다. 토요일에 온종일 야구를 할 수 있었던 S 학생은 "우리 엄마는 천사예요."라고 했습니다. S 학생의 엄마가 아이에게 많은 양의 수학 공부를 시키면서도 천사표 엄마가 될 수 있었던 비결은 '배려와 유연성'에 있었습니다.

부모가 어떤 원칙을 세우고 반드시 지키도록 완고하게 명령한다면, 아이의 생각이 경직될 수 있다는 점에 유의해야 합니다. P 학생의 엄마가 유연성을 가질 수 없었던 이유는, "오늘 할 공부를 안 하고 내일로 미루다 보면 그것이 습관이 될 것 같아요."라는 엄마의 말에서 알 수 있습니다. 그러면서 "지금 배워 두어야 할 이 개념을 아주 확실히 해 놓아야 하는데, 불규칙적으로 학습한다면 개념에 구멍이 날 것 같아 불안해요."라고 했습니다.

엄마의 원칙보다 우선해야 할 것은 아이의 마음입니다. 마음이 얼어붙으면 개념이고 뭐고 머리에 들어오지 않습니다. 무심한 엄마에게 서운한 아이는 엄마 대신 수학을 미워하게 됩니다. '내가 이 고생을 하는 이유는 바로 수학, 너 때문이야!'라고 생각하면서 말입니다.

규칙형 아이의 수학 지도 원칙

1. 아이가 타성에 젖지 않는지 자주 살펴본다.
2. 핵심 파악과 효율적인 학습 전략 개발에 신경 쓴다.
3. 서로 다른 유형의 문제집을 사용해서 변화를 준다.
4. 가끔씩 규칙에서 벗어나는 시간을 갖게 한다.
5. 시간보다는 학습량을 규칙적으로 정한다.

벼락치기형 아이를 위한 수학 지도법

벼락치기형 아이들은 해야 할 과제를 미루고 미루다가 결국 마지막에 한꺼번에 하는 편입니다. 평소에는 빈둥빈둥 놀다가 시험 때가 되면 무섭게 공부하는 아이들이 주로 이 유형에 속합니다.

벼락치기형 아이들이 규칙형 아이들보다 수학 공부를 못할 것으로 생각하지만, 꼭 그렇지는 않습니다. 또한 임박해서 벼락치기로 공부하는 방법은 앞으로 공부를 계속해 가야 할 아이들의 학습 스타일로는 안정적이지 않다고 느낄 수 있습니다. 하지만 벼락치기로 단련된 아이들 중에 성적이 좋은 학생도 많습니다. 단기간에 집중해서 공부하다 보니 스스로 효율적인 학습 전략을 만들고, 핵심 파악도 빨리한다는 점이 이런 유형 아이들의 장점입니다.

벼락치기 습관을 고쳐서 규칙적으로 학습하는 습관을 갖도록 하겠다는 부모의 목표가 실패로 끝나는 경우도 많습니다. 벼락치기형 아이들 중에는 "생각이라는 것은 어떤 정해진 시간에, 정해진 시간 동안만큼만 일어나는 게 아니잖아요. 어떤 좋은 생각은 뜬금없이 문득 떠오르기도 해요."라고 항변하기도 합니다. 벼락치기형 아이들은 감정적·육체적 자유를 선호하고, 자신의 감정에 집중하는 편이라는 분석도 있습니다.

벼락치기형 아이들의 단점은, 한 번에 몰아서 공부를 하려다 보니 에너지를 한꺼번에 소비하게 되어 공부가 끝나면 한동안 마냥 쉬려는 경향이 있다는 것입니다. 그러면 다음에 공부할 양이 많아지고, 어쩔 수 없이 또 몰아서 할 수밖에 없습니다. 또한 편안한 상태가 아니라 심리적으로 쫓기면서 공부하기 때문에 공부 자체에 대해 안 좋은 느낌을 가질 수 있다는 것도 단점입니다.

아이만 그런 성향이 있는 게 아닙니다. 엄마도 평소에는 공부를 안 시키다가 학교 시험이 임박하면 바짝 공부를 시키는 벼락치기형인 경우가 있습니다.

✉ 저희 부부는 아이에게 공부를 많이 시키는 편은 아닙니다. 초등 때는 놀아야 한다는 생각이 강해서 평소에는 놀리다가 학교 시험 대비는 교과서를 벼락치기로 공부시켰습니다. 그런데 중학교 올라와서 처음 본 시험 점수가 너무 기막힌 점수라서 깜짝 놀랐습니다. 아이는 인성이 바르고 모범생 타입입니다. 저희 부부는 애 성적에 너무 충격을 받아서 당장 지푸라기라도 잡고 싶은 심정입니다. (중2 아들 엄마)

벼락치기와 관련해서 수학에 대해 안 좋은 느낌을 갖고 있는 6학년 아이와의 상담이 떠오릅니다. 이 아이는 5학년 때 수학에 대해 안 좋은 경험을 했다고 합니다. 시험 전날 엄마가 예상 문제를 뽑아 주면서 다그치며 공부를 시켰고, 덕분에 수학 시험에서 100점을 받았다고 합니다. 스스로 평소 공부해서 얻은 점수가 아니라 100점이 자기 점수 같은 생각이 안 들었고, 한꺼번에 몰아쳐서 공부하다 보니 수학 공부가 너무 힘들다는 생각을 갖게 되었던 것입니다.

내 아이가 벼락치기형이라면?

아이들은 아직 어리기에 규칙형 학습 스타일보다는 벼락치기형이 훨씬 많습니다. 수학적 소질이 있다는 아이들 중에도 벼락치기형이 많습니다.

✉ 어려서부터 수학적 감이 있는 아이로 여겨졌어요. 성실하지 않고 벼락치기로 공부하는 습관이 있는데, 어찌어찌 학교 성적은 늘 상

위권입니다. 현재 수학 문제를 많이 푸는 학원에 보내고 있는데, 공부 의욕이 점점 떨어지고 있어서 걱정입니다. (중3 아들 엄마)

초등 과학 영재들을 대상으로 청소년 성격 유형 검사인 MMTIC를 활용한 연구에 따르면, 영재아들 중에는 벼락치기형이 더 많았습니다. 일반 아동의 경우에는 67퍼센트, 영재 아동의 경우에는 93퍼센트가 벼락치기형이었습니다. 아동들에서만 그런 것이 아닙니다. 대학생을 대상으로 한 연구에 따르면, 많은 학생이 계획을 세워 체계적으로 차근차근 공부하기보다는 가장 급하거나 기한이 얼마 남지 않은 것부터 공부하며 벼락치기를 하고 있었습니다. 머릿속으로는 한번에 몰아서 하는 것보다 나누어서 꾸준히 하는 게 효과적이라고 생각하지만, 실제로는 그렇게 하고 있지 않다는 것입니다.

벼락치기형의 장점은, 어떻게 하면 짧은 시간에 효율적으로 학습할 수 있을까 궁리를 한다는 점입니다. 그렇다 보니 벼락치기를 통해 학습법이 점점 개발됩니다. 따라서 내 아이가 벼락치기형이라면 그런 학습법을 당장 버리라고만 하지 말고, "이번 시험을 학습 전략을 개발하는 기회로 만들어 보자."와 같이 조언해 주는 게 좋겠습니다.

벼락치기를 하느라 심신이 지치면 수학 공부에 손을 놓을 수도 있습니다. 따라서 컨디션을 조절해 공부할 수 있도록 계획적으로 학습하는 방법도 지도해야 합니다. 또한 단지 시험 점수를 잘 받기 위해 벼락치기를 하는 아이에게는 학습을 하는 이유에 대해서 자주 이야기해 주는 게 필요합니다. 그런 대화는 전혀 하지도 않고 단지 벼락치기는 좋지 않다거나 벼락치기를 하지 말라는 말만 한다면, 아이가 반발심에 받아들이지 못할뿐더러 벼락치기 습관을 바꿀 수도 없습니다.

벼락치기형 아이의 수학 지도 원칙

1. 벼락치기를 '학습 전략 개발'의 기회로 삼도록 격려한다.
2. "벼락치기가 습관이 되면 심신이 힘들다."라고 이야기해 준다.
3. 학습 계획 짜는 법을 구체적으로 보여 준다.
4. 부모가 시험 결과에 너무 연연하지 않도록 노력한다.

규칙적으로 학습하지만
문제를 제대로 읽지 않아요

초등 3학년 저희 아이는 공부하는 것을 좋아해요. 문제집도 스스로 잘 풀어요. 현재 온라인 학습으로 공부하고 있는데, 시켜서 한 적이 없고 스스로 규칙적으로 공부해요. 100점을 받을 때도 많습니다.

그런데 문제를 제대로 읽지 않고 훑으면서 대충 봅니다. 게다가 문제를 자기 마음대로 해석하거나 상상까지 해서 풀어요. 더 큰 문제는 한번 문제를 잘못 해석하면 거기서 헤어 나오질 못한다는 거예요. 어제 본 단원 평가에서는 13문제 중 12문제를 틀렸습니다. 스스로 문제집도 풀고 규칙적으로 공부하는데 이렇게 결과가 안 좋으니 너무 걱정이 됩니다.

첫째, 스스로 규칙적으로 공부하는 아이다.

둘째, 수학 점수가 들쭉날쭉하다.

셋째, 문제를 대충 읽는다.

솔루션 Solution

누가 시키지 않고 규칙적으로 스스로 잘하는 아이인데도 고민이 있습니다. 문제를 잘 읽지 않는다고 했는데, 규칙적으로 공부하다 보니 타성에 젖은 게 아닌가 싶습니다. 수학 시험에서는 다 맞을 때도 있고 거의 다 틀릴 때도 있을 만큼 성적이 들쭉날쭉합니다. 현재 온라인 학습을 꾸준히 해 왔다고 했는데, 공부가 지겨워져서 시험 때 잠깐 집중을 안 한 것은 아닐까요? 13문제 중에서 12문제를 틀린 것은 아이가 너무 하기 싫었거나 아직 그 개념이 정확하지 않아서 그럴 수 있습니다.

앞에서 규칙형 아이들의 수학 학습에 대해 조언해 드린 바와 같이, 핵심을 파악하는 방법과 개념을 엄마가 구체적으로 알려 주는 것이 좋겠습니다. 비슷한 문제를 반복해서 푸는 것으로는 해결되지 않을 것입니다. 스스로 하는 아이니까 아이를 믿어 주세요. 아직 초등 3학년이니 시험 점수에 너무 충격받지 마시고, 아이에게 개념 설명을 잘 해 주시기 바랍니다.

지금은 잘하지만
학습 습관이 안 잡혀 있어요

초등 6학년인 아이는 평소에 규칙적으로 공부하지 않고 벼락치기로 하는 편입니다. 계획을 세워서 공부하는 스타일이 아니며, 할 때는 굉장히 집중해서 하지만 평소에는 그렇지 않아요.

수학 학원에서는 잘하는 아이로 알려져 있는데, 학원 선생님이 대부분의 최상위권은 성실하게 끝까지 엉덩이 붙이고 앉아 있는 아이들이라고 하면서 앞으로도 계속 잘하려면 규칙적인 학습 습관을 잡아야 한다고 하시네요.

학습 습관이 잘 잡혀서 평일이나 주말, 시험 기간과 상관없이 매일매일 규칙적으로 공부하는 성실한 아이들이 결국 공부를 잘하는 것이겠지요? 솔직히 규칙적으로 하든 벼락치기로 하든 수학을 잘하기만 하면 좋겠습니다.

첫째, 아이가 벼락치기로 공부를 한다.

둘째, 엄마는 아이의 학습 습관이 걱정된다.

셋째, 아이가 계속 수학을 잘하기를 바란다.

솔루션 Solution

규칙적이든 아니든 아이가 수학을 잘하기를 바란다고 하셨습니다. 잘하는 방법은 한 가지가 아닙니다. 수학을 잘하는 아이들 중에는 규칙적이고 계획적으로 학습하는 아이도 있지만, 그렇지 않은 아이도 의외로 많습니다. 예를 들어 서울대 다니는 학생들 중에는 초·중·고 내내 하루도 빠짐없이, 방학도 없이, 일요일이나 공휴일도 없이 규칙적으로 학습했던 아이가 있는가 하면, 평소에는 공부를 안 하다가 시험에 임박해 집중해서 빠짝 준비하는 습관을 가진 아이도 있습니다. "진짜 잘하는 아이는 규칙적으로 하지 않고 벼락치기로 한다."고 말하는 분도 있습니다. 벼락치기로 한다고 해서 모두 성적이 안 좋은 것은 아니라는 말입니다.

수능에서 수학 만점을 받은 한 학생은, "사람마다 자신만의 공부 스타일이 있습니다. 저는 공부 계획을 착실하게 세우는 편이 아니었고 집중 시간도 짧은 편이었지만, 그 시간 동안 최선을 다해서 집중했습니다."라고 말했습니다.

정해 놓은 시간에 엉덩이를 의자에 붙이고 책상에 앉는 습관보다 더 중요한 것은 '잘하고 싶다.'는 마음입니다. 이런 마음이야말로 진짜 '태도'입니다. 학습 습관에 대한 염려보다는 아이가 학습 동기를 갖도록 도와주세요. 잘하고 싶은데 벼락치기로는 한계가 있음을 느끼게 되는 때가 온다면, 아이는 자신의 학습 방법을 좀 더 체계적으로 바꿀 것입니다. 부디 수학을 잘하는 방법이 한 가지로 정해져 있다는 편견을 버리시기 바랍니다.

혼자 공부하는 아이, 도움받길 원하는 아이

독립형 vs 의존형

수학은 스스로 풀어야 한다고 생각하는 사람이 많습니다. 어려운 문제라도 끙끙대며 풀다 보면 성취감이 생기고, 그래야 비로소 내 실력이 되기 때문이라고 합니다. 반면, 수학은 혼자서 하기 어렵기 때문에 누군가 도움을 주어야 한다고 생각하는 사람들도 있습니다.

내 아이는 어떤 스타일인가요? 수학을 공부할 때의 아이를 떠올리며 다음 문항에서 가장 비슷한 답을 골라 보세요.

문항	그렇다	아니다
수학 공부할 때 누가 옆에서 지켜보는 것을 좋아한다.	1	2
수학 공부할 때 누가 도와주기를 바란다.	1	2
수학 문제를 혼자 풀기 싫어한다.	1	2

수학 공부할 때 사교육을 안 받고 혼자 하겠다고 한다.	2	1
수학 학원이나 과외를 원한다.	1	2
앞으로 배울 수학 내용을 스스로 예습한다.	2	1
선생님이나 부모가 중요한 내용을 정리해 주기를 바란다.	1	2
아직 안 배운 것이 나오면 당황한다.	1	2
숙제를 내줄 때 언제까지, 어떻게 하라고 정해 주기를 바란다.	1	2
다음 시간에 배울 내용에 대해 스스로 자료를 찾아본다.	2	1
숙제가 아니더라도 중요한 내용이라고 생각하면 더 알아본다.	2	1
배운 내용이 시험 문제에 그대로 나오기를 바란다.	1	2
수학에 대해 자신감을 갖고 열심히 공부한다.	2	1
친구들이 어떻게 공부하는지 궁금해한다.	1	2
수학 공부는 누가 시켜서 하는 것은 아니라고 생각한다.	2	1
선생님이나 부모가 구체적으로 하나하나 알려 주기를 원한다.	1	2
선생님이나 부모가 하라는 대로만 하는 경향이 있다.	1	2
평균 25점 이하 : 의존형 평균 26점 이상 : 독립형		

독립형 아이를 위한 수학 지도법

독립형 아이는 어떤 문제를 풀 때 어렵더라도 끝까지 혼자 해내려는 아이입니다. 이런 유형은 자기 스스로 생각하려 하고 스스로 공부하려고 한다는 점에서 자율형 아이와 비슷합니다. 자율형 아이들이 혼자 공부할 것인지 누군가의 도움을 받을 것인지 중에서 선택하는 편이라면, 독립형 아이는 무조건 혼자 공부하기를 원합니다. 독립형 아이는 자신의 수학 학습 능력에 자신감이 있고, 자신의 머릿속에 어떤 풀이 방법이 떠오르면 다른 사람에게 자세히 설명하려 하지 않고 떠오르는 대로 푸는 경향이 있습니다.

> ✉ 아이가 지금까지 사교육 없이 집에서 수학 문제를 풀면서 공부하고 있습니다. 어려운 문제가 나오면 이틀씩 끙끙대며 울기도 하지만, 결국엔 혼자서 풀어내고 "유레카!"를 외치곤 합니다.
>
> (초6 아들 엄마)

독립형 아이는 혼자 힘으로 공부하기를 원합니다. 그렇다고 잘 모르는 것도 아는 척하는 것은 아니고, 잘 모르면 질문을 하거나 다른 친구의 말을 귀담아들으며 배웁니다. 자기가 중요하다고 생각하는 내용에 대해 배우려고 하고, 교사가 일방적으로 가르쳐 주는 수업보다는 스스로 탐구하는 수업을 좋아하며, 스스로 성취한 것에 대해 자부심을 가지고 자유롭게 자신의 목표를 이루려고 합니다. 그래서 이 유형의 아이들은 자신이 수학을 잘한다고 생각하며 자신감이 있습니다.

내 아이가 독립형이라면?

내 아이가 독립형이 맞다면, 지도 방법은 단순합니다. 아이 스스로 공부하도록 두면 됩니다. 문제는 아이가 도움을 원하지 않는데 어떻게든 도와주려는 부모로 인해 생깁니다.

제가 상담한 분들 중에는 혼자 끝까지 하려는 아이를 답답해하는 엄마가 많았습니다. "언제까지 붙들고 있을래?" 하면서 아이를 기다려 주지 못하고 연필을 뺏는 분들입니다. 한 엄마는 "제 성격이 급한 편이라 아이가 느릿느릿한 걸 못 보겠어요."라고 말했습니다. 아이가 느릿느릿한 것은 스스로 알아내려는 것인데, 엄마는 문제를 이해하지 못해서 그러는 것이라고 염려합니다.

아이가 생각하는 시간이 오래 걸리니까 참지 못하고 "내가 도와줄까?" 하며 바로 답을 말할 수 있을 정도로 힌트를 주는 엄마도 있고, 원래 수학은 혼자 못 하는 과목이라고 생각해서 도와주려는 엄마도 있습니다. 이는 결과에 집착하는 어른의 욕심이며, 독립형 아이를 잘 자라지 못하게 방해하는 행위일 뿐입니다. 내 아이가 스스로 하고 싶어 하는 독립형이라면 대견해하면서 기다려 주어야 합니다. 그래야 아이가 여유와 자신감을 가지고 자신을 더욱 단련시킬 수 있습니다.

아이가 진짜 스스로 공부하려는 독립형 아이인지, 아니면 아이가 그렇게 되기를 바라는 마음에서 엄마가 착각하는 것은 아닌지에 대해서도 잘 살펴보아야 합니다. "우리 아이는 학원이나 과외를 안 가겠다고 해요."라고 말하는 6학년 엄마는 자기 아이가 타인의 도움을 받지 않고 스스로 공부하는 독립형인 것 같다고 했지만, 아이는 "왔다 갔다 귀찮아서 안 가고 싶은 것뿐이에요."라고 말했습니다. 한 엄마는 제게 "우리 아이는 제가 옆에서 지켜봐 주는 것을 좋아하더라고요."라고 했지만, 그 엄마의 4학년 아이는 "저 혼자 하고 싶어요. 엄마가 옆에서 보고 있으면 불편해요."라고 했습니다.

사실은 의존형 아이인데 부모가 독립형 아이로 착각할 경우, 아이는 자신에게 필요한 도움을 못 받는 심각한 일이 벌어집니다. 학원을 안 가고 엄마표로 수학을 배우는 아이들 중에 실제로 이런 경우가 많았습니다. 안타깝게도 이런 아이는 수학을 제대로 이해하지 못한 채 시간만 놓치고 말 것입니다.

자신한테 스트레스를 주는 상황이 있으면 알아서 걷어 내는 낙관적인 아이가 있는 반면, 독립형 아이들은 스스로 해내려는 욕심에 스트레스를 많이 받는 경향이 있습니다. 독립형 아이들에게도 단점이 있고, 아이가 스스로 공부한다고 해서 다 좋은 것은 아니라는 의미입니다.

독립형 아이들 중에는 성취 지향적이고 완벽주의적이며 자신의 독립심을 지키려는 욕구가 강한 아이도 있습니다. 이런 아이는 자신의 독립성이나 자율성이 위협당할 때 정서적으로 큰 고통을 느낍니다. 지나친 완벽주의나 스스로 다 해내려는 마음이 자신을 괴롭힐 수도 있습니다. 이런 아이에게는 "모르는 것은 언제든 질문해도 돼."와 같은 말로 아이의 마음을 편하게 해 주는 격려가 필요합니다.

의존형 아이를 위한 수학 지도법

의존형 아이는 수학을 공부할 때 누군가 옆에서 도와주기를 바랍니다. 수학에 대한 지적 호기심이 적은 편이고, 정해진 것만 하거나 선생님과 부모가 하라는 것만 하는 경향이 있습니다. 친구들에게도 때때로 도움을 요청하며, 다른 사람에게도 "이건 어떻게 해요?", "이것 좀 알려 줘."라는 식으로 요청하는 말을 많이 하는 편입니다. 부모나 다른 성인의 도움에 의지하기 때문에 학년이 올라가도 누군가가 도와주기를 바랍니다. 또한 의존형 아이는 친밀한 대인관계를 중요하게 여기는 특성이 있습니다.

✉ 과외 선생님은 아이가 궁금한 점에 대해 질문도 적극적으로 하고, "선생님 설명을 듣고 나니까 알게 되었어요. 너무 기뻐요." 하면서 표현도 잘한다고 했습니다. 하지만 문제가 조금이라도 어려워 보

166

이면 끝까지 읽어 보지도 않고 선생님께 질문한다고 하네요.

(중1 아들 엄마)

문제 해결과 관련된 연구에 따르면, 의존형 학생은 구체적인 숫자나 기호를 사용해서 적절하게 표현하는 데 어려움을 겪었고, 문제 번호에 별 모양을 많이 그리는 편이었습니다. 사회나 국어를 학습할 때는 독립형인데, 수학을 공부할 때만 의존형이 되는 아이도 있습니다. 그 이유는 수학에 대해 그다지 지적 호기심을 느끼지 못하거나 혼자 하기는 어렵다고 생각하기 때문입니다. 아이가 지적 호기심을 느끼는 과목은 저마다 다를 것입니다.

의존하는 것을 무조건 안 좋게 볼 수도 없습니다. "인간은 사회적 동물이다."라는 말의 의미처럼 인간은 서로 의존하며 사는 존재이기 때문입니다. 어린아이가 어른에게 도움을 구하는 것은 어쩌면 너무나 자연스러운 행위입니다. 어른이나 자기보다 잘하는 또래와의 상호작용이 아이의 수준을 상승시키는 데 도움이 된다는 수학 이론도 있습니다.

의존형 아이들은 칭찬받고 싶어 하는데, 엄마가 독립형 성향일 경우 칭찬에 인색해서 쉽게 상처받습니다. "자기 인생이고 자기 공부인데 100점 받았다고 제가 왜 칭찬을 해야 하죠?" 하는 엄마도 있습니다. 사회적 관계를 중요하게 여기는 아이는 엄마의 이런 태도에 상처를 받습니다. 혼자 책을 읽고 깨우치며 독학하는 게 좋은 아이가 있고, 누군가 친절하게 설명해 주는 게 좋은 아이가 있습니다. 엄마 자신은 독립형이더라도 아이의 성향은 의존형일 수 있으니 무엇보다 내 아이의 성향을 배려해 주세요.

내 아이가 의존형이라면?

누군가 도와주기를 바라는 의존형 아이에게 수학은 "혼자 해야 해." 하면서 전혀 안 도와준다면, 아이는 결국 수학을 포기할 수도 있습니다. 아이가 잘 모를 경우에는 가르쳐 주어야 합니다.

> ✉ 작년 2학년 담임 선생님께서는 우리 아이가 옆에서 문제를 읽어 주거나 하면 풀 수 있지만 혼자서 푸는 것은 잘 안 된다고 하셨습니다. 아무래도 아이는 스스로 푸는 걸 힘들어하고, 문제에서 말하는 게 무엇인지조차 잘 모르는 것 같아요.　　(초3 아들 엄마)

도움을 원하는 아이에게는 도움을 주면 됩니다. 아이가 설명을 다시 해 달라거나, 학원에 보내 달라거나, 과외를 시켜 달라거나, 인강을 듣겠다고 할 수도 있습니다. 도움이 필요할 때 도움을 요청하는 것에 대해 부정적으로 생각하지 않았으면 합니다.

의존형 아이는 선생님이나 친구들이 뭔가 가르쳐 주기를 기대하며, 칠판에 개요와 요점을 정리해서 써 주는 교사 중심 수업을 좋아합니다. 따라서 의존형 아이에게는 친절히 설명해 주는 것이 좋습니다. 아이에게 선행 학습을 시킬 때 스스로 간략한 요약을 읽게 한 다음 문제도 풀어 보게 하는 경우가 많은데, 아이가 의존형이라면 아이 입장에서 이해할 수 있도록 어른이 내용 설명을 충분히 해 주어야 합니다. 아이는 아무리 몇 번이고 다시 읽어 봐도 이해가 안 돼 누가 도와주면 좋을 것 같은데 도움을 못 받는다면 원망하는 마음도 생깁니다.

이 유형의 아이는 관계를 중요하게 여기기에 다른 사람을 기쁘게 하는 것도 중요하게 생각합니다. 독립형 아이는 자신의 자율성이 훼손되면 상처를 받지만, 의존형 아이는 자신이 받아들여지지 않거나 소외되는 상황에서 정서적 고통을 느낍니다. 의존한다는 것은 기대는 것이기 때문입니다.

아이들은 사랑받고 싶어 합니다. 제가 상담한 아이들도 한결같이 엄마에게 사랑받고 싶어 했습니다. '나는 이 점수가 괜찮은 것 같지만, 다른 아이들보다 내가 못해서 엄마가 기분이 안 좋으면 어떡하지?' 하는 생각을 했고, 자기가 엄마 마음을 불편하게 한 것 같다고 하면서 속상해했습니다. 부모가 보듬어 주고 따뜻하게 격려해 줄수록 의존형 아이는 정서적으로 안정되어 수학 성취도 높아집니다.

의존형 아이의 수학 지도 원칙

1. 아이가 원할 때 원하는 도움을 준다.
2. 아이를 야단치거나 실망하지 않고 친절하게 설명해 준다.
3. 선행 학습을 할 때는 충분히 이해할 수 있게 도와준다.
4. 아이가 마음의 상처를 받지 않도록 세심하게 배려한다.

선행 학습을
전혀 안 해서 불안해요

예비 중1인 아이는 어려서부터 씩씩하고 야무진 편입니다. 똑똑하다는 말도 많이 들었고, 초등학교 때까지는 혼자 집에서 EBS 방송을 보면서 학교 진도에 맞게 수학 공부를 했습니다. 학교에서는 잘하는 편이라 거의 모든 시험에서 100점을 받습니다.

학원에 다니지는 않지만 학교에서 아이들에게 수학 문제를 설명해 주기도 하는 등 공부 잘하는 아이로 알려져 있습니다. 그런데 얼마 전 지인의 소개로 유명하다는 학원에 레벨 테스트를 보러 갔다가 깜짝 놀라고 말았습니다. 선행 학습이 전혀 안 되어 있어서 들어갈 반이 없고, 앞으로 수학 진도를 나가려면 큰일이라고 하시더군요. 그 말을 듣고 갑자기 너무 불안해졌습니다. 지금까지 제가 잘못 지도한 걸까요?

첫째, 지금까지 혼자 공부했다.

둘째, 수학을 잘한다.

셋째, 선행 학습을 하지 않았다.

솔루션 Solution

그동안 혼자 잘해 왔는데, 이제 학원에 보내려고 했더니 들어갈 반이 없다는 말에 큰 충격을 받으신 것 같습니다. 선행 학습을 하지 않은 상태에서 유명 학원 레벨 테스트를 보면 점수가 낮게 나올 수밖에 없습니다. 걱정하지 마세요. 지금까지 하던 대로 하면 앞으로도 잘할 수 있습니다.

제가 아는 아이들 중에는 자기 주도적 학습으로 원하는 학교에 들어간 경우가 많습니다. 선행 학습을 안 하고 한 학기 정도 예습만 했는데 의대를 간 경우도 있습니다.

아이가 지금까지 초등학교 6년 동안 독립적으로 성취를 이루어 왔습니다. 따라서 앞으로 중학교에 올라가서 갑자기 수학을 못하게 되거나 하지는 않습니다. 지금까지 공부하던 대로 공부하고, 꼭 필요할 때 학원에 가서 자신에게 필요한 만큼 보충을 받으면서 공부하면 됩니다. 엄마가 불안해하면 아이도 불안하니까 안정된 마음으로 아이를 응원해 주시기 바랍니다.

혼자 공부하는 걸
힘들어해요

저희 부부는 아이가 학원에 가서 기계적으로 문제 풀이 연습을 하는데 반대해서 지금까지 학원에 보내지 않았습니다. 초등 6학년 아이는 제가 퇴근하고 집에 올 때까지 혼자 공부하고 있습니다. 그런데 아이가 연산 속도가 빠르지 않고, 응용이나 심화 문제를 풀기 어려워해요. "다시 잘 생각해 봐.", "자세히 읽어 봐."라고 지도를 하는데 제대로 읽지 않아서인지 자꾸 틀리네요.

겨울 방학에 6학년 기본 문제집 한 권과 5학년 1학기 심화 문제집 한 권을 풀게 했는데, 5학년 복습을 마치지 못한 채 방학이 끝났어요. 영속도가 나지 않는 것 같아서 아이에게 학원에 가겠냐고 물어보았는데, 잘 모르겠다고만 하고 자기 의견을 정확히 말하지 않습니다. 학년은 올라가고 진도는 안 나가니 점점 속이 타고 불안해져서 이제는 학원에 보내야 할지, 지금처럼 혼자 공부하게 하는 게 좋을지 여쭙고 싶습니다.

첫째, 지금까지 혼자 공부했다.

둘째, 연산 속도가 빠르지 않다.

셋째, 5학년 복습을 마치지 못했다.

솔루션 Solution

아이를 학원에 보내지 않고 혼자 공부하게 했는데 좀 버거워하는 상황으로 보입니다. 학원에 가겠느냐는 질문에 아이가 절대 안 가겠다고 대답하지는 않은 것으로 보아 가고 싶은 마음도 살짝 있어 보입니다. 하지만 학원을 보내기 싫어하는 부모님의 마음을 아이가 잘 알기 때문에 솔직히 대답하지 못하는 것은 아닐까요?

6학년인데 연산 속도가 빠르지 않고 5학년 복습도 다 마치지 못했습니다. 이 아이는 누군가 도와줄 필요가 있어 보입니다. 그런데 그동안 아이가 도움을 구하고 싶어도 도와줄 사람이 없었던 것 같습니다. 모르는 내용을 단지 잘 읽어 본다고 해서 이해되는 것은 아닙니다. 아이가 더 이상 모르는 것이 누적되지 않도록 해 주셔야 합니다. 느린 아이가 복습을 하면 영영 못 따라갑니다. 학습 속도가 느린 아이는 예습을 시켜 주세요. 그래야 학교 수업에 참여할 수 있습니다. 이 아이는 지금 누군가의 도움을 필요로 합니다. 연산 방문 학습지를 하거나 학원에 보내시는 게 좋겠습니다.

새로운 것을 추구하는 아이, 익숙한 것을 좋아하는 아이

새로움 지향형 vs 익숙함 지향형

익숙한 것 말고 새로운 내용이나 새로운 문제를 좋아하는 아이가 있습니다. 비슷한 문제를 다시 풀 때도 새로운 방법으로 해결하려고 시도합니다. 반면, 처음 본 단원이나 처음 본 문제를 낯설어하고 익숙한 문제를 좋아하는 아이가 있습니다. 확실하고 안전한 방법으로만 문제를 풀려고 합니다.

내 아이는 어떤 스타일인가요? 수학 공부할 때의 아이를 떠올리면서 다음 문항에서 가장 비슷한 답을 골라 보세요.

문항	그렇다	아니다
수학 공부할 때 비슷한 문제를 반복해서 푸는 편이다.	1	2
수학 공부할 때 처음 보는 문제보다는 전에 풀었던 적이 있는 문제를 좋아한다.	1	2

처음 보는 수학 문제에 호기심을 느낀다.	2	1
수학 공부할 때 같은 문제를 반복해서 풀어 보는 편이다.	1	2
단순 연산 학습지에 대한 거부감이 없다.	1	2
전에 풀었던 문제를 다시 풀 때는 새로운 방법으로 풀려고 한다.	2	1
수학 공부할 때 틀린 문제 다시 푸는 것을 매우 싫어한다.	2	1
총 10점 이하 : 익숙함 지향형 총 11점 이상 : 새로움 지향형		

새로움 지향형 아이를 위한 수학 지도법

'새로움 지향형' 아이는 새로운 유형의 수학 문제를 좋아하는 편입니다. 대개 수학 영재아들은 새로운 것을 좋아합니다. 수학 영재아란 수학적 과제를 창의적으로 수행했거나 앞으로 그렇게 할 수 있는 잠재력을 가진 아이를 말합니다.

> ✉ 아이가 학원에서 선행 학습으로 중학교 진도를 나가고 있습니다. 제가 보기에 좀 헤매는 것 같아서 그러지 말고 6학년 과정을 복습하자고 했더니, "두 번 보는 것은 지겨워요. 학원에서 한 번 배운 건데 왜 다시 봐요?"라고 하더군요. (초6 아들 엄마)

잘 조직된 교재를 체계적으로 반복하는 방식보다는 새로운 내용을 탐구하는 것을 선호하며 호기심이 강한 이런 유형의 아이들은 자신의 수학적 호기심을 탐색할 수 있는 환경을 좋아합니다. 그러나 지적 자극이 별로 없는 단순한 연습을 반복해야 하는 환경에서 자라게 된다면, 호기심이 사라지고 결국 아무런 성취를 이루지 못할 가능성이 높습니다.

내 아이가 새로움 지향형이라면?

호기심이 많고 새로운 것을 좋아하는 아이는 자신의 지적 호기심을 따라가도록 지켜보는 것이 좋습니다. 수학은 다른 과목과 달리 단계가 확실해서 아이의 흥미대로 쭉 진행하다 보면 자연스럽게 선행 학습이 되는 경우가 있습니다. 이런 아이들은 아직 안 배운 내용에 대해 호기심이 생겨 혼자 궁리를 하며 문제를 풀기도 하고, 어려운 수학책을 읽기도 합니다.

✉ 지금 초1인데 아이가 커갈수록 수학 쪽으로 관심이 집중되는 것 같고, 책도 수학 관련 책을 많이 읽어요. 책에는 학년이나 레벨의 구별이 없다 보니 관심사 가는 대로 읽어서 호기심을 해소하고 있는 것 같아요. 책을 봐서인지 고등 수학 개념에도 많이 노출이 된 듯해요. 자신의 관심사를 따라가다 보니 레벨도 롤러코스터 수준이라 분수에 빠졌다가 로그에 빠졌다가 해요. 아이가 무척 즐거워하고 즐기는 것만은 틀림없어 보입니다. (초1 아들 엄마)

학교 교육 과정에 있는 단계를 따라가는 게 아니라 자신의 관심사에 따르는 것을 선행 학습이라고 보기는 어렵습니다. 파고든다는 점에서는 심화 학습으로 볼 수 있지요.

어린아이들 중에는 낯선 것을 두려워하는 아이보다 새로운 것을 좋아하는 아이가 더 많은 편인데도 부모들은 아이가 수학만큼은 유형에 익숙해지도록 지도하는 경우가 많습니다. 꾸준히 같은 양을 반복적으로 학습시키면서 아이가 수학 문제 유형에 익숙해지도록 가르치고 있는 것입니다.

> ✉ 제가 "열 번은 풀어 봤니?" 하고 묻고, "처음에는 누구나 다 어려워. 자꾸 풀어 보면 괜찮아져."라고 말하고 있습니다. 한 번 풀어서 틀린 문제는 여러 번 반복해서 다시 풀었으면 하는데, 그냥 두어 번 풀어 보고 마네요.
>
> (중2 딸 엄마)

초등학교 3학년 수학 영재아들을 관찰하고 면접한 결과, 영재아들은 같은 유형을 반복해서 연습하게 하는 학습지를 싫어하며, 이제껏 보지 못한 새로운 유형의 문제나 규칙을 좋아하는 특성을 보입니다. 새로운 지적 자극과 도전을 받고 싶어 하고, 단순하고 쉬운 문제보다는 어렵고 복잡한 문제에 도전하려고 하며, 주어진 문제를 그저 풀기보다 자신이 새로운 문제를 만드는 것을 좋아합니다.

뛰어난 능력을 가지고 태어난 영재라고 해도 아이가 가진 잠재력만큼 성취를 모두 이루는 것은 아닙니다. 아이가 잠재력을 잘 발휘하려면 그 아이의 성향에 맞는 환경을 만들어 주는 것이 중요합니다. 마찬가지로 새로움을 추구하는 아이들에게는 새로운 자극을 주는 교육이 가장 좋습니다. 그러한 환경이 주어지지 않는다면 호기심이 사라지고 싫증을 내다가 수학을 거부할 수 있습니다.

일반적으로 새로움 지향형 아이들은 같은 내용을 두 번 이상 보면 싫증을 냅니다. 예를 들어 한 학년 내용에 대해 문제집 3권을 정해서 '기본 문제집→응용 문제집→심화 문제집' 이런 식으로 풀게 하면, 수준은 다르더라도 같은 단원마다 비슷한 문제들이 나오므로 너무 지겨워합니다.

수학 선행 학습을 할 때도 방법 면에서 신중을 기할 필요가 있습니다. 수학을 좋아하고 잘한다 싶어서 선행 학습을 시작하였고, 진도도 순조롭게 진행되는 경우가 많습니다. 하지만 12년 학교 수학의 내용은 한정되어 있으므로 결국은 다시 돌아와서 반복 학습을 하게 됩니다. 새로움 지향형 아이들은 반복을 매우 지겨워합니다. 여러 번 반복해서 푸는 방법은 수학 문제를 해결하는 상위 수준의 전략은 아닙니다. 학업 성취도 수준이 낮은 아이의 경우 '반복해서 외우기' 전략을 많이 쓰고, 성취 수준이 높은 아이의 경우 좀 더 정교한 전략을 사용합니다. 이미 얻은 것은 새롭지 않습니다. 선행 학습은 아이의 호기심을 미리 채워 주어서 더 이상 호기심을 갖게 하지 않고, 반복 학습은 애초의 호기심을 앗아 갑니다.

미적분을 세 번 이상 반복했다고 말하는 중학생도 많습니다만, 그렇게 진도를 나간 수많은 학생 중에 내용을 잘 이해한 학생은 극히

일부이고, 두세 번 반복하면서 용어 몇 개 아는 정도에 그치는 학생
이 대부분인 것이 현실입니다. 계속 선행 진도를 나가다 도돌이표를
반복할 게 아니라, 자기 학년 내용 중에서 새로운 유형의 문제나 심
화 문제를 풀게 하는 것이 새로움 지향형 아이들의 호기심을 채우는
방법으로 더욱 효과적입니다.

새로움 지향형 아이의 수학 지도 원칙

1. 단순 반복 학습을 억지로 시키지 않는다.
2. 학습 진도를 계획할 때는 선행 학습이 수학에 대한 호기심을 떨어뜨릴 수
   있다는 점을 염두에 두고 지나친 선행을 하지 않는다.
3. 같은 개념이라도 다양한 방법으로 접근해서 새로운 눈으로 볼 수 있게 한다.

익숙함 지향형 아이를 위한 수학 지도법

익숙함 지향형 아이는 낯익은 익숙한 문제를 좋아합니다. 기질적
으로 낯선 것이나 새로운 것을 두려워하며 익숙한 것을 선호합니다.

> ✉ 아이가 성격이 소심하고 신중한 편이에요. 집에선 활발하고 애
> 정 표현도 잘하지만, 밖에 나가서는 낯선 사람과 얼굴 맞대고 얘기하
> 는 것도 쉽지 않습니다. (초3 아들 엄마)

익숙함 지향은 기질 중에서 '위험 회피 기질'과 관련이 있습니다. 위험 회피 기질이 있는 사람은 안정을 중요하게 여기고 조심스러운 특성이 있습니다. 여기서의 위험은 어떤 낭떠러지에 서 있을 때 느끼는 위험을 말하는 게 아니라, 새로운 도전 과제를 맞닥뜨리게 되면 이를 위험한 상황으로 인식하는 것을 말합니다. 갑자기 무언가를 해결해야 하는 상황이 생기는 것을 버거워하고, 미리 계획하는 것을 좋아하며, 앞서 걱정하고 긴장을 많이 하는 편입니다. 신중하고 계획적이라는 것이 가장 큰 장점이고, 시간이 좀 걸리기는 하지만 새로운 환경에 익숙해지면 자신의 능력을 잘 발휘합니다.

일반적으로 남학생보다는 여학생들 중에 익숙함 지향형이 더 많습니다. 익숙해질 때까지 반복해서 풀어 보는 방법이 익숙함 지향형 학생들의 대표적인 학습 전략입니다. 여학생은 학교 수업 시간에 다룬 적이 있거나 많이 풀어 본 유형의 익숙한 문제는 잘 풀지만, 낯설고 생소한 문제나 새로운 유형의 문제에 대해서는 남학생에 비해 성취도가 낮다는 연구도 있습니다.

내 아이가 익숙함 지향형이라면?

익숙함 지향형 아이는 낯선 것을 두려워하므로 한 학기 예습이나 1년 정도 선행 학습을 하는 것이 효과적입니다. 그런데 이 유형의 자녀를 둔 엄마들 중에 아이에게 지난 수학 과정을 복습하도록 하는 경우가 있습니다.

✉ 처음 배우는 단원을 잘 못합니다. 기초가 부족한 것 같아서 이번 겨울 방학에는 6학년 내용을 복습시킬 계획이에요. (초6 아들 엄마)

낯선 것을 싫어하는 아이들은 도전적이기보다는 신중한 편이며, 불확실한 상황에 대한 두려움도 갖고 있습니다. 그래서 언뜻 늦된 아이로 보입니다. 예습이 아니라 복습을 시키는 이유는 아이가 늦된 것 같아 보이기 때문입니다. 수학은 기초가 없으면 앞으로의 학습이 어렵다는 생각에 기초를 다지고자 집에서 따로 복습을 시키는 것입니다.

하지만 아이가 진짜 낯선 상황을 맞이하는 곳은 집이 아니라 학교 교실입니다. 집에서 복습을 하느라 예습을 못 한 채 학교에 가면 아이는 자신이 위험한 상황에 놓였다고 생각합니다. 이 아이가 학교에서 실력을 발휘하게 하려면, 처음 배우는 내용에 대한 예습을 집에서 미리 하고 어느 정도 익숙해진 상태로 학교에 가야 합니다.

그럼에도 많은 부모가 익숙함 지향형 아이들에게 예습이 아닌 복습을 시키고 있습니다. 실제로 학부모 상담을 하면서 "우리 아이는 처음 보는 단원을 좀 어려워해서 제가 집에서는 쉬운 교재로 복습을 시키고 있어요."라고 말하는 경우를 매우 많이 보았습니다. 낯선 것을 싫어하는 아이가 수학에 대해 자신감이 떨어지는 이유는 낯설기 때문입니다. 따라서 미리 예습을 통해 낯설지 않게 해 주어야 합니다. 그래야 좀 더 자신감을 갖게 됩니다.

호기심이 별로 없고 낯설고 새로운 것을 싫어하는 아이들은 어떤 것을 한 번 본 것만으로는 불안해서 몇 번이고 다시 보아야 비로소 '내 것'이 되었다고 생각하고 안심합니다.

이 유형의 아이들은 성공이 보장된 안전한 방법을 선호하기 때문에 이전에 자신이 사용해서 성공했던 방법을 계속 사용합니다. 비슷한 문제를 다시 풀 때도 새로운 방법을 시도하기보다는 전에 풀어서 성공했던 확실한 방법을 사용합니다. 처음 본 문제를 만나면 매우 당황하기 때문에 그 문제가 익숙해질 때까지 많이 풀어 보아서 완전히 자기 것으로 만들려고 합니다.

학습이 느린 아이가 가정에서 복습 위주의 공부를 한다면, 학교 진도와 간격이 더욱 벌어져서 오히려 학습 결손이 심해질 수 있습니다. 익숙함 지향형 아이를 위한 수학 학습법은 복습이 아니라 예습이고, 아이에게 익숙해지도록 여러 번 반복 학습을 해 주는 것이 좋다는 점을 거듭 강조하고 싶습니다.

특히 아이 앞에서 "내년에 4학년이 되면 수학이 엄청 어려워진다." 같은 말은 하지 않도록 합니다. 그보다는 "이번 3학년 때 곱셈이 또 나와. 자릿수만 달라지는 건데 원리는 똑같아."와 같은 말로 안심시켜 주기 바랍니다.

익숙함 지향형 아이의 수학 지도 원칙

1. 복습보다는 예습 위주로 학습을 진행한다.

2. 한 번 풀었던 문제집을 반복해서 다시 풀게 한다.

3. 문제 유형에 익숙해지도록 유형별로 분류된 문제를 풀게 한다.

4. 학년이 올라가는 것에 대한 두려움을 갖게 하는 말을 삼간다.

5. 수학에 완전히 새로운 내용은 없다는 것을 강조한다.

순발력이 부족한 아이,
복습을 시켜야 하나요?

중1인 아이는 말하는 것을 좋아하고 토론을 잘하는 편이지만, 순발력이 부족하고 낯가림도 심해요. 초등학교 때까지는 학교 교과서만 풀고 그 외에 수학 문제집은 한 권도 안 풀렸는데, 중학교 올라오면서 처음으로 문제집을 조금 풀게 했어요. 그랬더니 분수와 소수가 섞여 있는 혼합 계산도 못하는 게 아니겠어요? 통분은 할 줄 알고 소수도 간단한 건 하는데 한데 섞이면 못하더라고요. 도형도 어렵다고 하는데 구체적으로 뭘 어려워하는지는 저도 잘 모르겠어요.

학교에서는 수행 평가랑 단원 평가만 보고 그 외 시험은 거의 안 보고 있어서 아이 실력을 알기는 힘든 상황이에요. 저는 아직은 학원에 보낼 생각이 없고, 아이도 학원에 갈 생각은 안 하고 있습니다. 제가 집에서 문제집으로 지도한다면 초등 5, 6학년 과정부터 다시 복습시키는 게 맞는 거죠?

첫째, 순발력이 부족하고 낯가림이 심하다.

둘째, 초등학교 때 문제집을 푼 적이 없다.

셋째, 분수와 소수 혼합 계산을 잘 못한다.

솔루션 Solution

순발력이 부족하고 낯가림이 심한 것으로 보아 이 아이는 익숙함 지향형으로 여겨집니다. 이 유형의 아이는 평소 반복 학습을 통해 문제에 익숙해지도록 하는 게 필요한데, 초등학교 내내 문제집을 풀리지 않았군요. 분수와 소수 혼합 계산을 잘 못한다는 것으로 보아 초등학생 시절 충분한 연습을 하지 않아서 학습 결손이 누적된 상태로 보입니다. 이 아이에게 지금 초등학교 복습을 시키면 학교에서 배우는 수학 진도를 따라가기가 더욱 힘들어집니다. 그리고 중학교 수학에서 처음 배우는 문자와 식이나 음수 계산 같은 것을 매우 어려워하고, 수학을 점점 더 싫어하게 될 우려가 높습니다.

따라서 새로 배우는 내용에 좀 더 집중하시기 바랍니다. 새로운 내용에 대한 두려움을 감소시키기 위해서입니다. 예습을 할 때는 중1 단원 중 상대적으로 아이가 쉽게 생각하는 단원 하나를 선택해서 그 단원을 여러 번 풀게 해 주세요. 그러면 그 단원을 들어갈 때 낯선 것이 줄어들고, 예습을 했으니까 자신감도 생길 것입니다.

엄마가 지도할 경우 규칙적인 학습이 잘 안 될 것 같다 싶으면 가정 방문 학습지를 신청해서 진행하실 것을 제안합니다. 이 아이야말로 학습지가 필요한 경우입니다.

이 아이는 앞으로 문제를 많이 풀고, 반복해서 푸는 연습을 꼭 해야 합니다. 학교 예습과는 별개로 아이의 계산력 향상을 위해 규칙적으로 문제를 풀게 해 주면 더욱 좋겠습니다.

수학 문제집 한 권을
사흘 만에 다 풀어 버리는 아이

저희 둘째 아이는 일곱 살입니다. 다섯 살 무렵부터 두 살 터울 형이 공부하는 것을 보고는 자기도 하고 싶다며 수학 문제집을 사 달라고 졸랐어요. 그래서 시중에서 유명하다는 수학 교재를 사서 풀렸는데 마구마구 푸는 거예요. 책도 한번 빠지면 두세 시간 앉아서 읽는 편이고, 수학 문제집 한 권을 사흘이면 다 풀 정도라서 하루에 한 장만 하라고 제가 말릴 정도예요.

아이가 수학을 잘하는 것 같아 저도 욕심이 살짝 생겨서 사고력 문제집도 한 권 사 주었는데, 혼자 다 풀더군요. 2학년이 된 큰아이가 구구단 외우는 것을 보고는 자기도 곱셈이 하고 싶다면서 구구단 노래를 부르고 암산으로 곱셈을 해요. 혹시나 해서 '(두 자리 수) − (두 자리 수)'와 '(세 자리 수) − (세 자리 수)' 문제를 내 주었는데, 어디서 배웠는지 받아올림과 받아내림까지 하면서 막힘없이 풀고 있어요.

어느 순간 한글도 읽고 쓰고 있으며, 유치원 선생님은 아이에게 뭔가 더 해 주면 좋겠다고 하십니다. 제가 보기에도 형보다 수 감각이 더 뛰어난 것 같아서 뭔가 아이에게 도움을 주고 싶은데, 아이가 셋이다 보니 여유가 없네요. 학원을 보내는 건 너무 이른 것 같고, 큰아이의 자존감도 지켜 줘야 할 것 같은데 어찌해야 할지 모르겠습니다.

첫째, 유아 수학 교재 한 권을 사흘 만에 푼다.

둘째, 형보다 수 감각이 뛰어난 것 같다.

셋째, 아이에게 뭔가 더 해 주고 싶다.

솔루션 Solution

가르치지 않았는데 받아올림과 받아내림을 잘하는 것으로 보아 이 아이는 새로운 것을 좋아하고 호기심이 강한 성향으로 여겨집니다. 자신의 관심을 끄는 분야가 지금은 수학이지만 앞으로 다른 분야에 그야말로 '꽂힐' 수가 있으므로, 수학에 대해 영재성이 있는지는 좀 더 지켜보아야 할 것 같습니다.

이런 특성을 가진 아이들은 단순 연습을 많이 시키면 호기심이 쉽게 사라질 수 있기 때문에 수학적 호기심을 탐색할 수 있는 환경을 만들어 주는 것이 좋습니다. 지금처럼 문제집을 계속 풀게 하면 계속 진도가 나갈 텐데, 그렇게 되면 막상 학교에서 배우는 수학이 시시해져서 흥미를 잃을 수가 있습니다. 따라서 문제집만 풀기보다는 수학 그림책 읽기나 수학 게임 등 수학 관련 활동을 다양하게 시켜 주세요.

부모 마음에는 형이 동생에게 자존심이 상하지나 않을까 걱정이 되겠지만, 각자 잘하는 분야와 관심 있는 분야가 다를 수 있으므로 수학이라는 잣대만으로 두 아이를 비교하지 않는다면 큰아이에게도 좋은 자극이 될 것입니다.

아는 재미가 목표인 아이,
좋은 점수가 목표인 아이

숙달 지향형 vs 점수 지향형

아이가 수학 공부를 열심히 하는 데도 이유가 있습니다. 높은 목표를 이루려는 이유가 무엇이냐에 따라 숙달 목표와 점수 목표로 나뉩니다. 수학 공부를 열심히 하는 이유가 '몰랐던 것을 알기 위해서'인 아이가 있고, '좋은 점수를 받아서 좋은 대학에 가기 위해서'인 아이도 있습니다.

내 아이는 어떤 스타일인가요? 수학 공부할 때의 아이를 떠올리면서 다음 문항에서 가장 비슷한 답을 골라 보세요.

문항	그렇다	아니다
수학에서 몰랐던 것을 알게 되면 기뻐한다.	2	1
수학 시험과 관련 없는 문제는 안 풀려고 한다.	1	2

수학 문제를 풀고 나서 곧바로 채점하는 것을 싫어한다.	1	2
수학 숙제가 아닌 문제도 풀고 싶어 한다.	2	1
수학 문제를 풀 때 누가 힌트를 주기를 바란다.	1	2
자신의 수학 시험 점수에 민감하다.	1	2
수학 문제를 많이 틀리면 기분 나빠 한다.	1	2
10점 이하 : 점수 지향형 11점 이상 : 숙달 지향형		

숙달 지향형 아이를 위한 수학 지도법

'숙달 지향형' 아이는 수학에 대한 자신의 능력과 기술을 키우는 게 공부 목표입니다. 한마디로 '알아 가는 것'을 목표로 수학을 공부합니다. 이 유형의 아이는 수학 문제를 실수로 틀리거나 남들이 자신을 어떻게 보는지에 대해서 개의치 않습니다. 오로지 자신이 관심 있고 하고 싶은 것에 계속 도전합니다. 다른 사람이 얼마나 잘하는지에는 별로 관심이 없고, 수학 자체에 집중하면서 더 잘하려고 노력합니다.

숙달 지향형 아이는 수학 학습 자체에 가치를 둡니다. 그렇다고 해서 반드시 성취가 높은 것은 아닙니다. 수학에 대한 학습 동기와 자신감이 높아지고 이로 인해 스스로 공부하는 경우 좋은 점수를 얻을 수 있습니다.

내 아이가 숙달 지향형이라면?

아이는 부모나 교사가 추구하는 바가 무엇인지에 영향을 받습니다. 숙달 지향형 성향의 부모는 아이가 도전 의식을 가지고 노력하는 것을 높이 평가합니다. "결과보다는 과정이 중요한 거야." 하면서 과정을 칭찬하며 자율적인 학습을 지지하는 부모입니다. 만약 평소 아이가 '우리 부모님은 숙달하는 것이 중요하다고 생각해.'라고 인식하고 있다면, 아이 자신도 부모처럼 숙달 지향을 위해 노력합니다.

숙달 지향형 아이들은 어떤 일의 결과로 얻어지는 보상이나 지위보다는 그 과정을 즐기고 만족스럽게 여기는데, 이를 두고 성취 욕구가 있다고 합니다. 보상을 받기 위해서가 아니라, 더 알고 싶고 더 어려운 것에 도전해 성취하는 데서 만족을 얻으려는 욕구를 말합니다.

이러한 성취 욕구는 개인의 특성이지만 가정에서 길러지기도 합니다. 부모가 아이에게 성취나 독립성, 경쟁심을 격려한다면, 또한 아이의 실패에 화내지 않고 아이 스스로 문제를 해결하도록 한다면 아이는 성취 욕구를 잘 발달시킬 수 있습니다.

숙달 지향형 아이의 수학 지도 원칙

1. 다른 아이와 비교하지 않는다.
2. "열심히 하는 것은 좋은데 성적이 아쉽구나."라고 말하지 않는다.
3. "점점 더 나아지는구나." 하며 칭찬한다.

점수 지향형 아이를 위한 수학 지도법

점수 지향형 아이는 그야말로 좋은 점수를 목표로 공부하는 아이입니다. 학업 성취와 직접적으로 관련이 있는 유형은 점수 지향형입니다. 점수 지향형 아이는 수학 공부를 하는 이유가 수학 학습 자체에 있는 게 아니라 성적이나 등수와 같은 '결과'에 있습니다. 수학 학습 자체보다는 수학 시험 결과에 관심이 많습니다.

> ✉ 기초가 부족한 중1 아이를 지도하고 있는데, 아이에게 원리 탐구를 시켜 보려고 했지만 전혀 받아들이지 못해서 깜짝 놀랐어요. 아이는 "이 문제는 이거랑 저거랑 더하는 공식으로 풀면 되고…." 하는 식입니다. 요행히 맞으면 "그래, 바로 이 방법이야!" 하더군요. 다음에 비슷한 문제가 나오면 그때 그 문제였는지를 몰라서 또 틀리고, 틀린 문제를 다시 풀면서 "아, 이거였구나." 하는 등 지름길과 요령만 찾는 모습을 보였습니다. (수학 강사)

이 아이는 어떻게 하면 정답을 얻을 것인지에 대한 규칙이나 법칙을 아는 데만 관심이 많습니다. 아이가 이유를 궁금해하지 않고 정답만 찾으려는 까닭은 수학 공부의 목표가 '점수'에 있기 때문입니다.

점수에 관심이 많은 점수 지향형 아이는 자신이 다른 사람들에게 어떻게 보이는가에 관심이 많습니다. 남을 의식하는 아이들 중에는 남에게 못나 보이지 않으려는 아이가 있고, 남보다 잘나 보이려는 아이가 있습니다. 똑똑해지는 게 목표가 아니라, 똑똑해 '보이는' 게 목표인 아이는 수학 점수가 나빠서 남들에게 능력이 없는 아이로 보여지는 걸 두려워합니다. 위험과 도전을 피하려 하고, 자기가 원하던 점수를 못 받을 것 같으면 쉽게 포기하는 경향도 있습니다.

타인에게 잘나 보이고 싶은 아이들은 학교 성적이나 학원 레벨을 중요하게 생각하고, 남들에게 못나 보이지 않으려는 아이들은 혼자 공부하려는 경향이 있습니다. 틀리거나 못해도 남들이 모르기 때문입니다. 성격이 예민한 아이일수록 수학 시험의 결과가 부모나 교사 등 주변인들의 기대를 맞추지 못할까 봐 두려워합니다.

똑똑해 보이고 싶어 하기 때문에 자기가 능력이 없어 보이는 상황을 회피합니다. 그래서 자칫 실패할 것 같은 위험한 도전은 하지 않습니다. 실패했다는 것을 남들에게 드러내기 싫기 때문입니다. 이런 유형의 아이들은 실패할 것 같으면 미리 포기해 버리기도 합니다. 또는 누가 봐도 정말 불가능할 것 같은 목표를 세우거나('1년 내내 모든 과목에서 올백을 받겠어!'와 같은 목표), 자기가 보기에 쉽고 만만한 것을 목표로 하는 등 양극화되는 경향이 있습니다.

부모가 자녀들 성적을 비교하면서 좋은 점수를 받은 아이만 칭찬하고 그렇지 못한 아이를 야단친다거나, 실패를 용납하지 않고 완벽하게 하기만을 요구한다면, 아이는 긴장 상태로 공부할 수밖에 없습니다. 이런 환경에서 자라는 아이는 열등감과 무능력을 피하는 데 목표를 두고 공부하게 됩니다.

내 아이가 점수 지향형이라면?

점수를 지향하는 부모는 실패를 부끄럽게 생각하는 분위기를 만듭니다. 한 아이는 "엄마가 저를 칭찬하는 경우는 수학 점수 잘 받았을 때뿐이에요."라고 말했습니다. 수학 점수가 좋으면 전에 자신이 딴짓하고 그랬던 것도 좋게 넘어가는데, 점수가 나쁘면 자신이 열심히 했다는 것을 알아주지 않고 "너는 열심히 하는 척만 했니?"라고 말해서 너무 서운한 마음이 들었다고 합니다.

'우리 부모님은 점수가 중요해.'라고 인식하는 아이는 좋은 점수를 받으려고 노력하는 쪽으로 자신을 개발하게 됩니다. 두 아이 중에서 첫째 아이는 숙달 지향형이고 둘째 아이는 점수 지향형인 경우, 부모가 점수 지향형이라면 둘째 아이의 학업 성취가 더 높습니다. 부모와 자녀 간에 추구하는 게 서로 맞기 때문입니다.

> ✉ 우리 아이는 못하는 것도 많고, 조금이라도 힘들고 어렵다 싶으면 금세 포기합니다. 잘하면 신나서 하지만, 못하면 노력조차 하지 않아요. 아이가 성취 경험이 너무 없는 것 같고, 뭐든 너무 어렵고 힘들어하는데 앞으로 어떻게 지도해야 할까요? (중1 아들 엄마)

점수를 통해 부모나 주변인들에게 인정받고 싶어 하는 점수 지향형 아이에게는 칭찬이 효과적입니다. 이런 아이가 70점을 받았을 때 엄마가 "괜찮아. 다음에 잘 보면 되지."라고 말하는 것은 이 아이에게 위로가 아닙니다. '잘했다', '괜찮다' 이런 말들은 아이의 결과를 평가하는 말이기 때문입니다. "다음에 잘 보면 되지."라는 말은 어쨌든 이번 점수가 부족하다는 표현이고, 아이에게 다음에는 꼭 '잘' 보기를 기대한다는 말입니다. 가뜩이나 타인의 평가에 연연해하고 점수를 잘 받고 싶어 하는 아이에게는 결과를 평가하는 말보다는 "수고했어."라는 말이 더 좋습니다.

점수 지향형 아이의 수학 지도 원칙

1. 다른 아이와 비교하는 말을 하지 않는다.

2. 결과보다는 과정이 중요하다고 말한다.

3. "잘했어."보다는 "수고했어."라고 말한다.

문제 푸는 속도가 느리고
풀이 과정도 엉망이에요

    초등 4학년인 아들은 스스로 공부하기를 좋아하고, 간섭하면 너무 싫어합니다. 모든 과목을 즐겁게 공부하는 편인데, 수학만 힘들어하고 있습니다. 연산 실수는 많이 나아졌는데, 문제 푸는 속도가 너무 느리고 미련할 정도로 돌고 돌아 풉니다. 시간도 오래 걸리고 풀이 과정도 제멋대로인 것 같아서 "그렇게 쓰면 안 돼. 틀렸어."라고 말하면 기분이 상하는지 짜증을 냅니다.

    전에 과외를 잠시 받았는데, 그 선생님은 아이의 성격을 꺾어야 한다며 무척 혼내시고 체벌도 하셨어요. 아이가 무서워서 도저히 못 배우겠다고 울고불고해서 그만두었는데, 그 선생님께 계속 배우게 했으면 학습 습관이 잡혔을지 후회도 됩니다. 아이가 벌써 초등 고학년이 되니 마음이 조급해지네요.

첫째, 스스로 공부하기를 좋아한다.

둘째, 간섭받기를 싫어한다.

셋째, 돌고 돌아 끙끙대며 문제를 푼다.

솔루션 Solution

이 아이는 결과보다는 과정을 중요하게 여기는 '숙달 지향형'으로 보입니다. 당장의 결과나 표준적인 풀이 과정보다는 자신만의 과정을 만들려고 하는 아이에게 틀렸다고 하면 아이는 기분이 상할 수밖에 없습니다. 아이가 간섭받기를 매우 싫어한다는 것을 알면서도 무서운 선생님께 계속 배우게 하지 못한 것을 후회한다고 했고, 문제를 빨리 풀고 풀이 과정을 제대로 쓰기를 바란다고 하셨는데, 이는 수학에 대해 알아 가는 과정보다는 수학 점수라는 결과에 엄마가 연연하기 때문입니다.

스스로 공부하기를 좋아하는 아이가 수학에서만은 부담을 느끼고 있다면, 이는 엄마의 마음이 조급한 것과 무관하지 않을 것입니다. 이런 아이는 무섭게 잡는 방법보다는 간섭받는다는 기분이 들지 않게 잘 타이르는 방법으로 지도해야 합니다. 예를 들어 답이 틀렸을 때는 "틀렸으니까 다시 풀어."라고 하면서 '틀렸다'는 것을 강조하는 게 아니라, '틀렸다'는 말을 쏙 빼고 "어? 다시 풀어 볼까?" 하거나 그냥 "이 문제는~" 하며 설명하는 것이 좋습니다. 아이의 잘못을 지적하거나 타박하는 말을 되도록 삼가자는 것입니다.

풀이 과정이 지금은 제멋대로라 하더라도 그것을 야단치기보다는 아이가 들여다볼 시간을 주는 게 좋습니다. 그러면 '아하, 이게 이렇게 되는구나.' 하면서 스스로 깨닫는 시간을 갖게 되고, 그것이 아이에게 즐거움을 줄 것입니다. 스스로 하는 것을 좋아하는 아이가 깨달음의 길을 갈 수 있도록 시간을 주세요.

수학에서 한 번도
100점을 못 받았어요

저는 성적에 관대한 편이라, 아직 초등 2학년 아이에게는 성적보다 공부 방법이 더 중요하다고 생각합니다. 그런데 어떤 아이는 단원 평가에서 70점을 받다가도 다음 단원 평가에서는 100점을 받기도 하더군요. 70점이 100점이 되기도 하는, 그런 점수 차가 큰 아이들의 특징은 뭘까요?

저희 아이의 경우는 점수는 고른 편인데 100점을 받은 적은 없습니다. 아직도 실수를 하거나 문제에서 지시한 대로 못 한 경우 틀리더군요. 작년엔 1학년이라 기본 문제집 한 권만 풀렸는데, 이번엔 제가 욕심이 앞섰는지 기본 문제집 한 권과 심화 문제집 한 권 그리고 문제은행 문제집까지 풀렸습니다. 문제를 많이 풀었다고 점수랑 연결되는 것은 아님을 이번에 느꼈어요. 제가 수학을 국어처럼 공부시켜서 그런 건가 싶기도 하고, 왜 점수에 한계를 보이는지 궁금합니다.

첫째, 엄마는 성적보다 공부 방법이 중요하다고 생각한다.

둘째, 아이의 성적이 고른 편이다.

셋째, 아이가 수학에서 100점을 받은 적이 없다.

솔루션 Solution

아이는 앞으로 무수히 많은 시험을 보게 됩니다. 아직 아이가 초등 2학년이기 때문에 단원 평가를 아주 많이 본 것도 아닙니다. 지금 점수를 아이의 한계로 보지는 말자는 말씀을 먼저 드리고 싶어요.

어떤 아이가 70점을 받다가 100점을 받은 이유는 아이가 그 단원을 좋아해서일 수도 있습니다. 점수 자체만 비교해서 왜 내 아이는 100점을 못 받냐고 생각하지 마세요. 문제를 많이 풀기보다는 질적으로나 효율적으로 푸는 것이 좋겠습니다. 아직도 실수를 하는 것은 어쩌면 자연스러운 것이고, 문제에서 지시한 대로 하지 못하는 것은 문제를 정확히 읽지 않아서 그런 것일 수도 있습니다. 문제를 소리 내서 읽게 해 보세요.

8세, 9세 정도는 굉장히 어린 나이이고 이제 시작이기 때문에 지금 아이의 점수로 한계를 논하기는 어렵습니다. 초등학교 내내 한 번도 만점을 받은 적이 없던 아이가 고등학교 내신이나 수능에서 수학 만점을 받은 사례도 많습니다. 지금까지 치른 몇 번의 시험으로 아이의 미래를 단정하지 마세요.

이미지 문제가 편한 아이, 기호로 된 문제가 편한 아이

시각 선호형 vs 언어 선호형

문제에 제시된 정보를 받아들일 때 각자 편한 표현이 있습니다. 그래프나 도형처럼 이미지로 제시된 수학 문제를 좋아하는 아이가 있고, 그냥 글이나 기호로 서술된 수학 문제를 좋아하는 아이가 있습니다.

내 아이는 어떤 스타일인가요? 수학 공부할 때의 아이를 떠올리면서 다음 문항에서 가장 비슷한 답을 골라 보세요.

문항	그렇다	아니다
수학 문제를 설명할 때 그림을 그리면 이해를 잘한다.	1	2
수학 문제에 표가 나오면 어려워한다.	2	1
수학 문제에 그래프가 나오면 쉬운 문제라고 생각한다.	1	2

도형의 넓이와 같은 공식을 좋아한다.	2	1
수학 문제에 글이 길면 읽기 싫어한다.	1	2
수학에서 도형 문제를 부담스러워한다.	2	1
수학 문장제를 말로 읽어 주기를 바란다.	2	1
10점 이하 : 시각 선호형 11점 이상 : 언어 선호형		

시각 선호형 아이를 위한 수학 지도법

외부 정보를 받아들일 때 사람마다 차이가 있습니다. 외부로부터 정보가 들어와 입력될 때는 뇌에서 서로 다른 경로를 통해 처리되는데, 뇌 부위의 발달이 사람마다 각기 다르기 때문입니다. 그래서 어떤 사람은 시각적 표현을 선호하고, 어떤 사람은 언어적 양식을 선호합니다. 수학적 표현은 도형이나 그래프와 같은 시각적인 것과 식이나 기호와 같은 언어(기호)적인 것이 있습니다.

시각적 정보는 통합적이고 직관적이며, 언어적 정보는 분석적이고 논리적입니다. 시각 선호형 아이는 전체적으로 연결해서 이해하는 편이며, 문장제로 주어진 문제를 읽으면서도 머릿속으로 그림을 그리며 내용을 상상하는 등 문제를 풀 때 주로 이미지화해서 해결합니다. 즉, 그림이나 그래프, 표가 들어 있는 문제를 좋아하며 도형 영역을 좋아하는 경향이 있고, 문제를 풀 때 그림을 그려서 해결하려고 합니다. 저학년 아이들 중에는 시각 선호형인 경우가 더 많습니다. 그러다가 학년이 올라가면서 차츰 언어적인 정보를 잘 처리하게 되어 성인이 되어서는 기호로 된 정보를 훨씬 간단하게 여깁니다.

✉ 아이가 중학생이 되면서 모르는 문제를 남편이 주말에 한꺼번에 설명해 주고 있어요. 이공계 출신인 남편이 공식을 사용해서 설명하면 아이가 이해하기 어렵다고 해서 그림을 그려 가며 설명해 주고 있습니다. (중2 딸 엄마)

수학은 시각적 정보와 언어적 정보를 모두 사용하기 때문에 같은 수학 개념이라도 두 가지 형태로 제시될 수 있습니다. 그런데 아이들은 자신이 선호하는 정보만을 사용해서 문제를 푸는 경향이 있습니다. 고등학교 1학년을 대상으로 한 연구에 따르면, 시각 선호형 아이들은 문제가 식으로 제시되어 있을 때 이를 다시 이미지로 해석해서 풀었습니다. 예를 들어 함수에 관한 식이 제시되었다면 함수의 그래프로 바꾼 다음 문제 풀이를 시도했습니다.

내 아이가 시각 선호형이라면?

이 유형의 아이는 그림이나 그래프처럼 이미지로 되어 있는 정보를 쉽고 편하게 받아들입니다. 따라서 아직 저학년이고 시각 선호형일 경우, 우선 주어진 문제를 이미지로 바꾸어서 설명해 주는 게 좋습니다. 수학을 가르치는 어른이 언어 선호형일 경우 수식을 많이 쓰면서 논리적이고 간단명료하게 설명하는 편인데, 이런 설명은 너무 간결하고 형식적이어서 시각 선호형 아이에게는 어렵게만 느껴집니다. 그래서 시각 선호형이 많은 저학년 아이들에게 수학을 가르치는 초등 교사들은 그림을 그려서 설명하곤 합니다.

성인들은 대부분 언어 선호형인데, 중·고등학교를 거치면서 그렇게 훈련되었기 때문입니다. 아이의 특성을 잘 모르는 아빠는 곱셈을 처음 배우는 아이를 가르칠 때 '2×3=6'이라는 곱셈식을 얼른 이해하지 못하는 아이가 잘 이해되지 않습니다.

> ✉ 아이가 곱셈과 나눗셈을 잘 모르는 것 같아요. 이해력이 좀 떨어지는 걸까요?   (초3 딸 엄마)

수식에 익숙한 언어 선호형 어른에게 '2×3=6'은 너무나도 간단한 식일 뿐이지만, 사실 그 안에 들어 있는 의미는 한 가지가 아닙니다.

- 한 접시에 사과 2개씩 3접시가 있습니다. (동수누가)
- 아이들이 한 줄에 2명씩 3줄로 서 있습니다. (배열)
- 보도블록을 2칸씩 3번 건너뛰었습니다. (뛰어 세기)

위와 같이 여러 가지 의미가 '2×3=6'이라는 간단한 식 안에 모두 들어 있습니다. 따라서 저학년 아이들에게는 이 식을 그림으로 나타

내서 설명하는 게 좋습니다.

가정에서라면 내 아이의 유형을 잘 파악해서 그에 맞게 지도할 수 있겠지만, 한 교실 안에는 두 가지 유형의 아이들이 섞여 있기에 교사가 일일이 맞추기는 어렵습니다. 그래서 교사들은 시각 선호형 아이와 언어 선호형 아이가 팀을 이루어 같이 문제를 풀게 하는 방법도 활용하고 있습니다. 이렇게 하면 자신이 선호하는 시각형 정보뿐 아니라 언어형 정보도 받아들이는 연습을 효과적으로 할 수 있습니다.

아이뿐 아니라 부모나 교사도 각자가 선호하는 유형이 있습니다. 초·중·고 교사들을 대상으로 살펴보았더니, 시각 선호형 교사는 구체적인 예를 들어 묘사해 가는 방식으로 수학적 개념을 설명했습니다. 다만, 이런 방법은 설명이 길고 복잡해서 핵심을 흐리게 할 수 있고, 비유가 지나칠 경우 오개념을 만들 우려가 있다는 점에 유의해야 합니다.

시각 선호형 아이의 수학 지도 원칙

1. 주어진 문제를 이미지로 바꿔서 설명한다.
2. 자신의 풀이 과정을 말로 설명하게 한다.
3. 다양한 표현을 사용한 문제들을 번갈아 가며 풀게 한다.
4. 언어 선호형 아이와 짝을 지어 함께 문제를 풀게 한다.

언어 선호형 아이를 위한 수학 지도법

언어 선호형 아이는 글로 된 설명과 수학 공식 등이 제시된 문제를 좋아하는 편입니다. 같은 개념을 나타낼 때, 시각적 정보는 직관적으로 이해하기 쉽다는 장점이 있고, 언어적 정보는 간단명료하다는 장점이 있습니다. 이때의 '언어'는 국어나 영어가 아니라, '문자'나 '기호'를 의미합니다. '+, −, ×, ÷, =' 같은 기호를 많이 사용하는 수학에서는 기호가 바로 언어입니다. 그래서 수학을 '언어의 과학'이라고도 부릅니다.

언어 선호형 아이는 공식이나 기호를 사용해서 푸는 것을 좋아하고, 수학 영역 중에서는 문자와 식을 좋아합니다. 그림을 보면 마음속으로 식이나 기호를 상상하고, 문제를 절차적으로 푸는 편입니다.

> ✉ 그림을 그려서 문제를 설명해 주어도 아이는 그냥 공식이 편하다고 해요. (중2 아들 엄마)

초등학교 아이들 중에도 공식이나 기호를 선호하는 아이가 있습니다. 엄마 눈에는 '공식만 빨리 사용해서 풀려고 요령을 피우는 아이'로 보일 수 있지만, 이런 아이에게는 구구절절 장황하고 긴 설명보다는 간단명료한 식이 훨씬 편합니다.

초등학교 5학년을 대상으로 한 연구에 따르면, 아이들이 수학 문제를 풀 때는 자신에게 특화된 능력을 사용하는 모습을 보였는데 정답률은 언어 선호형 아이들이 더 높았습니다. 초등 고학년, 특히 중등 수학에서는 기호를 많이 사용하기 때문에 언어적 정보를 잘 처리하는 아이가 유리합니다.

내 아이가 언어 선호형이라면?

초등 저학년 중에는 언어 선호형 아이가 많지 않습니다. 주로 고학년 아이들에게 많습니다. 초등학교 수학은 시각 정보를 사용해서 설명하기 쉽게 되어 있고, 문자와 식을 배우는 중학교 과정 이후에는 수식과 같은 언어 정보가 많이 나오기 때문에 선행 학습을 한 초등 아이들 중에는 언어 선호형이 많습니다.

> ✉ 서술형 문제에서 풀이 과정을 그림을 그려서 설명하라고 했는데, 우리 아이는 식만 덩그러니 써 놓아서 감점을 받았더군요.
>
> (초6 아들 엄마)

시각 선호냐 언어 선호냐 하는 성향은 선천적인 것이거나 불변하는 특성이 아니고, 평소 자주 접하는 정보에 익숙해지면서 그렇게 길들여집니다. 그리고 어떤 유형의 정보를 더 자주 접하느냐에 따라 학년이 올라가면서 성향도 바뀝니다.

수학은 시각 정보와 언어 정보를 같이 사용합니다. 따라서 수학을 잘하기 위해서는 표현이 다른 두 가지 정보 전달 방법을 모두 이해해야 합니다. 즉, 표현은 달라도 같은 개념이라는 것을 알아야 한다는 말입니다. 너무 한 가지 표현 방법만 선호하다 보면 풀 수 있는 문제 유형이 제한됩니다.

도형에는 관심이 없고 공식만 좋아하는 언어 선호형 아이에게는, 공식이 적용되는 도형과 그렇지 않은 도형을 비교해서 차이점을 찾아보게 하는 방법이 좋습니다. 처음에는 아이가 선호하는 방법인 공식을 적용해서 푸는 단순한 문제를 풀게 하고, 다음으로는 공식만으로는 풀 수 없는 도형 문제를 제시하는 것입니다.

이런 식으로 아이가 선호하지 않는 유형의 정보(도형)를 아이가 선호하는 유형의 정보(식, 공식)와 연결해 제시하면서 두 가지 정보를 적절하게 선택하도록 하는 방법이 좋습니다. 이렇게 두 가지 유형의 정보를 함께 사용해서 문제를 풀어 보아야 다양한 유형의 문제를 잘 해결할 수 있습니다.

언어 선호형 아이의 수학 지도 원칙

1. 글이나 식으로 된 문제를 이미지로 바꾸어서 설명하게 한다.

2. 자신의 풀이 과정을 그림으로 설명하게 한다.

3. 다양한 표현을 사용한 문제들을 번갈아 가며 풀게 한다.

4. 시각 선호형 아이와 짝을 지어 함께 문제를 풀게 한다.

서술형 문제를 잘 풀지만
수학에 자신감이 없어요

　아이에게 기계적인 학습을 시키고 싶지 않아서 제 나름대로 신경 쓴다고 한 것이 유명 사고력 학원을 초등 1학년 때부터 보낸 것이었습니다. 2학년인 저희 딸은 평소 책을 무척 좋아해 학교 수업에서 국어(읽기, 쓰기, 듣기, 말하기) 등의 학습은 또래보다 조금 빠른 편이에요. 학교 담임 선생님 말씀도 그렇고요.

　수학 문제집을 풀 때 "어떻게 풀어야 할까?" 하고 물어보면 아이가 스스로 해결책을 찾아냅니다. 서술형 지문이 길어도 대부분 식을 세우는 데까지는 문제가 없습니다. 그런데 가르기, 모으기 같은 유아 수학을 하지 않고 사고력 수학 학원을 보내서인지 계산력은 확실히 부족해요. 계산력을 높여 주어야 할 것 같아 연산 학습지와 문제집을 풀게 하고는 있지만, 수학의 재미를 모르고 자신감도 없어서 걱정이에요.

첫째, 사고력 학원에 다니고 있다.

둘째, 서술형 문제를 잘 푼다.

셋째, 아이가 수학의 재미를 모르고 자신감이 없는 것 같다.

솔루션 Solution

또래 아이들이 서술형 문제를 싫어하는 경우가 많은데, 이 아이는 서술형 문제를 잘 풀고 식도 잘 쓰는군요.

아이가 수학의 재미를 모르고 자신감이 없다고 걱정하기에는 이른 것 같습니다. 유아 수학 경험이 없다고 걱정하셨는데, 자신감 없어 보이는 아이의 모습이 유아 수학을 안 해서인지는 알 수 없습니다. 이미 지난날을 후회하는 것은 도움이 되지 않아요.

엄마는 뭔가 많이 부족한 게 아닌가 하고 불안해하고 있는데, 사고력 학원도 다니고 있고 연산 학습지도 시작을 했고 문제집도 풀고 있으니 2학년 아이로서는 충분히 많이 하고 있다고 보여요. 지금 학교에서 배우는 수학을 잘하면 됩니다. 아이가 잘하고 못하고에 지나치게 의미를 두고 일희일비하지 않으셨으면 합니다.

기계적인 학습이 싫어서 연산 연습을 많이 안 시키고 사고력 학원에 보냈다고 하셨는데, 거기에서 겪는 어려움은 무엇인지 구체적으로 파악해 보시기 바랍니다. 막연히 자신감이 없다는 것으로는 아이 성향을 알기가 어려워요.

만약 계산력이 부족해서 자신감이 없다 싶으면, 일정 기간을 정해 몰입해서 연습하게 도와주세요. 예를 들어 한 달이면 한 달, 이번 방학이면 방학, 이렇게 기간을 정해서 단기 집중 연습을 하는 겁니다. 아이가 좀 힘들어하는 받아올림이나 받아내림, 또는 구구단을 연습하면 계산에 대한 자신감이 생길 것입니다. 이때 너무 늘어지게 하면 안 되며, 한 가지 개념이나 원리에 대해 아이가 익숙해지도록 집중해서 하는 게 중요합니다.

도형 문제는 잘하는데
연산을 싫어해요

초등 3학년인 저희 아들은 도형 돌리기를 정말 기가 막히게 잘합니다. 머릿속으로 척척 하는 아이를 보면 너무 신기해요. 그런데 연산은 너무 싫어합니다. 3학년인데 아직도 구구단을 헤매는 걸 보면 저절로 한숨이 푹푹 나옵니다. 아이를 키우기 전에는 구구단이 어려울 수 있다는 것을 미처 몰랐어요. 수학 공부할 때 보면 한 문제 풀고 딴짓하고, 또 한 문제 풀고 딴짓하고 그래서 결국 제가 "그냥 하지 마."라고 했어요.

재미가 없으면 절대 못 하는 아이예요. 암기 불가, 집중력 짧음, 반복 절대 사절인 아이입니다. 그래서 문제집도 여러 권을 새로 바꿔 가며 풀려고 해요. 연산 싫어하고, 문제집 싫어하고, 반복 싫어하고, 게임을 해도 새로운 것만 좋아해서 제가 너무 힘듭니다. 그래도 매일 조금이라도 수학 공부를 시켜야 할 것 같은데, 어떻게 해야 할까요?

첫째, 아이는 연산을 싫어한다.

둘째, 도형 돌리기를 매우 잘한다.

셋째, 암기 불가, 짧은 집중력, 반복 절대 사절이다.

솔루션 Solution

도형 돌리기를 잘한다는 것으로 보아 이 아이는 시각 선호형 같습니다. 아이에게 "너는 왜 그렇게 그림으로 된 것만 좋아하고 연산은 싫어하니?"라고 물어볼 수는 없습니다. 아이도 그 이유를 알 수 없을 테니까요.

아이의 이러한 성향을 하나의 정보로 알아 두시면 됩니다. 아이가 새로운 것을 좋아해서 이것 하다 저것 하다 보니 어른 눈에는 산만해 보이겠지만, 호기심과 탐구심이 많아서 그렇다고 긍정적으로 생각해 주세요.

시각 선호형 아이는 그림이나 도형, 그래프, 지도와 같은 시각적 정보를 활용해서 공부하도록 지도하는 게 좋습니다. 아이가 아직 구구단을 잘 못 외운다고 하셨는데, 가뜩이나 반복을 싫어하는 아이에게 기계적으로 구구단을 외우게 하면 효과가 없습니다. 시각적 정보를 좋아하는 성향에 맞게 구구단 카드를 활용할 것을 권합니다. 무조건적인 암기 말고, 구구단 카드를 엎어 놓고 하나씩 뒤집어서 답을 맞히면 카드를 가져가는 게임과 같은 시각적 정보 활용이 아이의 수학적 흥미를 높여 줍니다.

또한 시각적 정보 한 가지에만 익숙해지지 않도록 같은 문제를 다른 방법으로 다시 풀게 해 주셔도 좋습니다.

예를 들면, 도형 돌리기를 어떻게 풀었는지 말로 설명해 보게 하는 것입니다. 그러면 나중에는 기호를 붙여서 설명할 수 있게 됩니다. 아이가 도형을 잘한다면 일단 그것을 적극 활용하는 방법이 아이가 못하는 것을 지금 당장 채우려는 것보다 효과적입니다.

이해해야 넘어가는 아이,
외워서 문제 푸는 아이

이해형 vs 암기형

    도형의 넓이나 둘레를 구하는 공식 등을 배우면서 왜 그런 공식이 만들어졌는지 잘 몰라도 그런가 보다 하고 넘어가는 아이가 있고, 그 공식이 나오는 과정을 이해하려고 애쓰는 아이가 있습니다.

    내 아이는 어떤 스타일인가요? 수학 공부할 때의 아이를 떠올리면서 다음 문항에서 가장 비슷한 답을 골라 보세요.

문항	그렇다	아니다
수학 공부할 때 문제 유형이나 공식을 외우려고 한다.	1	2
수학 공부할 때 내용을 이해하지 못하면 공식도 외우지 못한다.	2	1
수학 공식에 숫자만 대입하면 되는 문제를 좋아한다.	1	2
수학 문제 중에서 단순한 문제보다는 복잡한 문제를 좋아한다.	2	1

수학 문제를 외워서 풀려고 한다.	1	2
7점 이하 : 암기형 8점 이상 : 이해형		

이해형 아이를 위한 수학 지도법

수학에서 말하는 '이해'는 두 가지 의미가 있습니다. 공식은 잘 기억하고 있지만 그 공식이 적용되는 이유를 모른 채 문제를 해결하는 데 사용하는 '도구적 이해'와, 공식이 적용되는 이유와 방법을 모두 아는 '관계적 이해'가 그것입니다.

예를 들어, 비례식을 배운 아이가 "비례식에서 내항의 곱은 외항의 곱과 같기 때문에 이렇게 풀었어요."라고 하면서 비례식 문제를 잘 풀었습니다. 그런데 비례식에서는 왜 외항과 내항의 곱이 같은지를 물어보니 "원래 그래요."라고 한다면, 이 아이는 도구적 이해를 하고 있는 것입니다.

이해형 아이는 수학에서 관계적 이해를 하고자 하며, 끝내 이해가 되어야 직성이 풀리는 편입니다.

✉ 아이가 번번이 "왜요?"라고 질문을 하는데, 저도 그 이유를 몰라서 원래 그렇다거나 수학자들이 그렇게 만들었다는 식으로 둘러대요.

(초3 아들 엄마)

수학을 제대로 가르치고자 하는 사람이라면 누구나 아이가 관계적 이해를 하도록 지도하려고 합니다. 그러나 지도하는 사람이 수학을 잘 몰라서 아이가 관계적 이해를 하도록 가르치지 못하는 경우도 있고, 관계적 이해를 하도록 가르치고 있다고 생각하지만 실제로는 아이가 도구적 이해를 하도록 가르치는 경우도 많습니다.

예를 들어, 소수의 곱셈을 가르칠 때 "'53×0.1'을 계산할 때는 53에서 점을 한 칸 왼쪽으로 가서 찍어. 그러면 5.3이라는 답이 나와. 그리고 '53×10'을 계산할 때는 53 뒤에다 0을 붙이면 돼. 530 이렇게." 하고 설명하는 분들이 그렇습니다. 또한 '2.7×3.12'와 같은 소수의 곱셈을 가르칠 때, "소수점이 없다고 치고 27과 312를 곱해. 이건 쉽잖아. 그래, 8424가 나왔지. 그 다음에 점을 찍는 거야. 이 문제는 하나, 둘, 셋, 끝에서부터 세 번째 자리에 점을 찍으면 되겠네. 답은 8.424지."라고 설명하는 것입니다. 이러한 지도 방식은 아이가 도구적 이해를 하도록 하는 전형적인 방법입니다.

이해형 아이는 도구적 이해가 아닌 관계적 이해를 하고 싶어 합니다. 따라서 이런 설명이 납득이 가지 않습니다. 아이가 "왜요?"라고 질문했을 때 엄마가 "원래 그래." 또는 "그게 공식이야."라고 대답한다면, 이해형 아이는 '수학은 순 엉터리!'라고 생각할 것입니다.

내 아이가 이해형이라면?

수학 개념을 제대로 이해하고 싶지만 만족할 만한 설명을 듣지 못해 결국 수학과 멀어진 아이도 많습니다. 초등 3학년 영재아들을 대상으로 수학 문제 해결 방법을 조사한 연구가 있습니다. 수학 문제를 풀 때 공식을 암기해서 해결하는 것을 좋아하는지, 아니면 원리를 파악해서 스스로의 방법으로 해결하는 것을 좋아하는지 알아보았습니다.

이 영재아들에게 도형의 넓이 구하기, 어떤 수 구하기, 분수의 곱셈 구하기 문제를 풀게 했습니다. 영재아들은 암기 학습을 싫어했는데, 1단계로 공식만 알려 주고 문제를 풀게 했을 때는 정답률이 매우 저조했습니다. 예를 들어 사다리꼴과 원의 넓이를 구하는 문제에서 공식만 알려 주고 문제를 풀게 했을 때는 정답을 거의 맞추지 못했습니다. 그러나 2단계로 사각형의 넓이 공식이 왜 '(가로의 길이)×(세로의 길이)'인지에 대해 설명을 하고 나서 문제를 풀게 했더니 아이들은 도형의 넓이에 대해 관계적 이해를 할 수 있었고, 문제를 창의적으로 해결했습니다. 그리고 3단계로 넓이를 구할 때 왜 사각형 모양으로 구하는지를 설명하고 원주율에 대해서도 설명을 한 다음에 문제를 풀게 했더니 더욱더 창의적으로 접근했으며 문제 해결력도 높아졌습니다.

이처럼 영재아들에게 도구적 이해가 아닌 관계적 이해를 하도록 지도한다면, 아이들은 그 과정에서 과제 집착력을 갖게 됩니다. 이는 이해형 아이에게도 적용됩니다. 내 아이가 이해형이라면 공식이 나오는 과정을 충분히 설명해 주어야 합니다.

수학은 어떤 하나의 원리가 있으면 100가지의 사례를 다 적용시킬 수 있습니다. 예를 들어 직사각형의 넓이를 구하는 공식 '(가로의 길이)×(세로의 길이)'는 가로가 13cm이고 세로가 23cm인 직사각형이든, 가로가 457cm이고 세로가 209cm인 직사각형이든 모두 해당됩니다. 또한 삼각형을 자르거나 이어 붙여 직사각형을 만드는 방법을 사용해서 삼각형의 넓이 공식도 이끌어 낼 수 있습니다. 하나를 터득하면 100개의 문제를 해결할 수 있다는 것이 수학의 장점이며 관계적 이해의 장점입니다. 1000개의 문제를 풀고 나서 간신히 하나의 원리를 깨닫게 되는 게 아니라는 말입니다.

아이가 "왜요?"라고 묻는다면, 충분히 이해할 때까지 친절하고 자세하게 설명해 주시기 바랍니다.

이해형 아이의 수학 지도 원칙

1. 무조건 공식을 외우게 하지 않는다.
2. 수학 공식이 나오는 과정을 충분히 설명한다.
3. 아이의 질문을 지나치지 않고 성의껏 설명해 준다.
4. 창의적으로 문제를 해결해 보는 기회를 준다.

암기형 아이를 위한 수학 지도법

앞에서 살펴본 바와 같이 수학에서 진정한 이해는 관계적 이해입니다. 아이가 관계적으로 이해하기를 바라는 마음에서 부모나 교사는 아이에게 개념과 원리를 친절하게 설명하려고 합니다. 하지만 암기형 아이들에게는 이런 설명이 귀찮기만 합니다.

> ✉ 우리 아이는 풀이법을 외워서 푸는 것 같아요. 그래서 제가 그러면 안 된다고, 왜 이렇게 되는지를 알아야 한다고 설명하려고 하면 아이가 듣기 싫어해요. (초6 딸 엄마)

어른들 중에도 암기형이 있습니다. 암기형 어른은 아이에게 수학 공식이나 문제 유형을 외우라고 가르칩니다.

> ✉ 저는 수학도 암기 과목이라고 생각해요. 그리고 어느 정도 암기가 되어 있어야 문제도 풀고 창의력도 생긴다고 생각합니다. 잘 모르면 암기하는 것이 좋다고 자주 말합니다. (초2 딸 엄마)

이 엄마는 자신이 이렇게 생각하는 이유에 대해 "저는 학교 다닐 때 수학 문제를 외워서 풀었어요. 그게 제가 수학을 잘하게 된 비결이었거든요."라고 말했습니다. 수학 학습의 목표가 '좋은 점수 얻기'인 점수 지향형 아이들 중에도 암기형인 경우가 많습니다. 이런 아이들 중에는 수학 문제와 풀이법 암기를 성취의 비결로 여기는 아이도 많습니다.

사실, 수학 문제를 풀 때 풀이법을 공식처럼 외워서 빨리 해치우고 싶어 하는 것은 비단 우리나라 아이들뿐 아니라 전 세계의 많은 아이들에게서 나타나는 공통된 모습입니다.

어학을 좋아하는 아이들 중에는 영어 단어 외우듯이 수학 공식도 외우려는 아이가 있습니다. 영어 문법도 일종의 공식이지만 예외가 많은 데 비해 수학 공식에는 예외가 거의 없습니다. 그래서 암기형 아이들 중에 수학은 영어보다 외울 것도 적고 단순해서 좋다는 아이도 많습니다.

문제는 가르치는 사람과 학생, 즉 엄마와 아이의 성향이 서로 달랐을 때 생깁니다. 예를 들어 아이는 이해형인데 엄마는 암기형이거나 아이는 암기형인데 엄마는 이해형일 때, 서로의 방식을 이해하지 못하고 각자 자신의 방식을 주장하면서 갈등이 생깁니다.

> ✉ 도형의 둘레를 구하는 응용 문제들은 공식 암기만으로 되지 않으니 관찰하고 중복되는 부분을 더해서 계산해야 되는데, 아이는 단지 공식만으로 해결하려고 합니다. (초5 딸 엄마)

이런 갈등에 대해 수학 교육학자들은 누가 옳은지가 중요한 게 아니라고 말합니다. 즉, 부모와 아이의 방법이 서로 일치하느냐가 중요하며, 부모가 아이에게 맞지 않는 방법을 강요할 때 학습 효과가 가장 나쁘다고 말합니다. 따라서 아이가 수학 공식이나 문제 유형을 외워서 수학 문제를 해결하는 것을 선호하고 문제 해결도 썩 잘하며 수학에 대해서도 호감을 갖고 있다면 크게 문제 될 게 없습니다.

하지만 아이가 문제를 이해하지 않고 무조건 풀이법을 외우려고 한다면 잘 외워지지도 않을뿐더러, 공식을 잘못 외워서 문제 해결에 실패하는 경우가 생기므로 주의 깊게 살펴보아야 합니다. '$\frac{7}{32} \div \frac{13}{4}$'과 같은 분수의 나눗셈을 할 때, '나눗셈을 곱셈으로 바꾸라고 한 것 같은데, 앞의 분수를 뒤집는 거였나? 뒤의 분수를 뒤집는 거였나? 헷갈리네.' 하는 상황이 벌어지는 것입니다. 한편, 외운 공식을 잘못 적용해서 문제 해결에 실패한다면, 아이가 외운 공식에 대해 충분히 이해하도록 지도해야 합니다. 관계적으로 이해를 해야 암기도 잘되기 때문입니다.

아이가 문제를 풀 때 관계적 이해를 하도록 지도하기 위해서 다음의 순서로 진행합니다. 먼저 아이에게 "네가 틀리는 이유가 무엇일까?" 하고 물어봅니다. 그러고 "네가 오답을 내고 싶지 않으면 도형이 어떻게 생겼는지 잘 봐야 해."라고 말해 줍니다. 여기서 전제는 '오답을 내고 싶지 않다면'입니다. 만약 아이가 오답을 내도 상관이 없다고 생각한다면 문제 풀이에 대한 책임감을 느끼게 하는 게 우선입니다. 그런 책임감이 없는 상태에서는 아무리 무조건 외워서 풀지 말라고 해도 아이는 달라지지 않습니다.

영어 공부하듯이 외워서 수학 공부를 하려는 아이에게는 영어와 수학은 다른 과목이라고 이야기해 주세요. 영어 문법이 사람들의 언어 습관 등에 의해 자연스럽게 굳어진 것이라면, 수학 공식은 수학적으로 만들어진 것입니다. 세월이 지나 사람들의 습관이 바뀌면 그에 따라 영어의 단어나 문법도 바뀔 수 있지만, 수학은 공식이 한번 만들어지고 나면 거의 변하지 않습니다.

암기형 아이의 수학 지도 원칙

1. 수학은 영어처럼 외워서 되는 게 아니라고 말한다.

2. 공식을 정확히 외울 수 있도록 충분히 설명한다.

3. 아이가 외운 공식이나 문제 유형에 속하는 것과 속하지 않는 것을 구별하도록 지도한다.

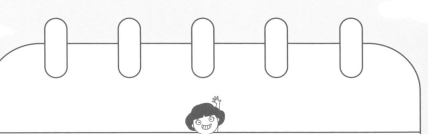

성적 기복이 심한 아이, 도대체 모르겠어요

초등 3학년인 제 외동아들은 롤러코스터 타듯 성적 기복이 심합니다. 아이에게 영재 수업을 권하는 선생님이 계신 반면에, 산만하고 이해력이 떨어진다는 선생님들도 계십니다. 특히 수학은 어떤 개념을 처음 접하는 경우 잘 잡히기까지 시간이 너무 오래 걸립니다. 이해를 못하는 부분이 생기면 끝까지 이해하지 못합니다. 개념이 잡히질 않아요. 다른 과목은 이 정도가 아닌데 수학은 이해시키는 데 시간이 아주 오래 걸려요. 이해를 시켰다 해도 좀 지나면 다 잊어버려요.

일곱 살 때부터 수학을 수도 없이 반복 학습 시켰어요. 연산 학습지에서 하나라도 틀리면 똑같은 문제를 다시 풀게 했습니다. 이번에는 반복을 더 시켰는데 시험 문제를 거의 다 틀려 왔습니다. 빨간 펜으로 중요 부분 밑줄 긋는 연습도 시키고 오답 노트도 하는데 제대로 안 합니다. 제가 참다 참다 개입하게 되면 동네 창피할 정도로 소리를 지르곤 하는데, 이런 제 자신이 괴물 같고 싫어집니다. 나중에는 회초리를 들어요. 제가 소리를 지르면 집중을 하던 아이가 요즘은 회초리를 들어야만 공부를 합니다.

　제가 바라는 건 당연히 아이의 행복이지만, 한국 사회에선 아이의 시험 점수가 비밀이 될 수 없잖아요. 보통 수준은 유지해야 주변의 웃음거리가 안 될 텐데요. 앞으로 성적은 점점 떨어질 거고, 그러다 보면 수업 집중도도 떨어질 듯한데…. 지쳐 가는 저와 제 아이는 어떻게 해야 할까요.

팩트 체크 Fact Check

첫째, 일곱 살 때부터 틀린 문제를 다시 푸는 반복 학습을 시켰다.

둘째, 새로운 수학 개념을 이해하기까지 시간이 오래 걸린다.

셋째, 롤러코스터 타듯 성적 기복이 심하다.

솔루션 Solution

엄마는 내 아이가 사실은 이해력이 떨어지는데 반복 학습을 시켜서 간신히 이 정도라고 생각하며, 언젠가 아이의 실력이 들통나지 않을까 불안해하고 있습니다. 엄마의 불안함은 내 아이를 못 믿는 마음과 타인들의 평가를 지나치게 의식하는 마음에서 비롯합니다. 조급한 마음에서 결과에 집착하다 보니 회초리를 들게 됩니다.

엄마가 반복 학습이라는 기계적인 연습을 시킨 이유는, 아이를 영특하게 보신 선생님 말씀보다는 산만하고 이해력이 떨어진다고 보신 선생님들 말씀을 더 받아들였기 때문으로 보입니다. 아무래도 내 아이는 뭔가 부족한 것 같다는 조급함에서 기계적인 연습을 시키고 있는 것은 아닌지요?

아이가 이해를 못 하고 멈춰 있으면 아이를 채근할 게 아니라 같이 멈춰야 합니다. 그리고 아이가 이해할 때까지 차근차근 충분히 설명해 주어야 합니다.

이 사연에 대한 저의 맞춤 솔루션은, 이제라도 반복 학습을 그만두시라는 것입니다. 결과에 집착하는 조급한 마음을 버리고 아이의 실력을 믿으시기 바랍니다. 그러면 점차 점수도 안정되고 잘할 것입니다.

아이가 문제 풀이법을
외우고 있어요

초등 5학년 여자아이입니다. 수학 과외를 1년 정도 시켰는데 수학을 매우 어려워합니다. 과외 선생님은 한 학기에 기본, 응용, 심화 문제집을 각각 한 권씩 풀어 주고 있습니다. 아이가 수학적 사고력이 좀 부족해서인지 응용과 심화 문제를 어려워하고 있습니다.

그런데 선생님은 문제를 많이 풀다 보면 어려운 문제도 풀 수 있게 된다면서 문제 풀이 중심으로 가르치세요. 또한 응용 문제를 먼저 풀고 나서 기본 문제를 풀면 쉽게 풀게 된다면서 수업 시간에 응용 문제집을 풀고 기본 문제집은 숙제로 내 주십니다.

아이는 선생님 설명이 어려워서 이해하기 힘들다고 합니다. 아이가 숙제하는 걸 봤는데, 문제를 이해하고 푸는 것이 아니라 문제 푸는 방법을 아예 암기해서 깜짝 놀랐습니다. 시간이 지나면 암기한 내용을 잊어버리고, 비슷한 문제가 나오면 풀지를 못합니다.

첫째, 응용과 심화 문제를 어려워한다.

둘째, 문제 풀이법을 외우고 있다.

셋째, 비슷한 문제가 나오면 틀린다.

솔루션 Solution

말씀하신 내용으로만 본다면, 바람직한 수학 교육법은 아닌 것 같습니다. 문제를 많이 풀게 하는 지도법은 아이가 문제를 이해하게 하기보다는 외우게 합니다. 게다가 개념을 충분히 설명해 주는 게 아니라, 문제 풀이 위주로 수업을 하고 있습니다.

심화 문제를 먼저 풀면 그보다 쉬운 문제를 풀 수 있으리라고 기대하겠지만, 비슷한 유형이 심화 문제로 제시되었을 때와 기본 문제로 제시되었을 때의 유사점과 차이점을 모른다면 심화 문제 풀이법을 기본 문제에 적용할 수 없습니다.

엄마는 아이가 수학적 사고력이 부족하다고 보았지만, 실제로는 그렇지 않을 수 있습니다. 수학적 사고력을 기를 기회나 경험이 없었을지도 모르기 때문입니다. 과외를 계속 시킬 계획이라면, 문제 풀이보다는 개념 설명을 충분히 해 달라고 요청하시거나 그렇게 해 주실 수 있는 분으로 바꾸시기 바랍니다.

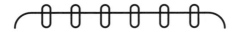

따로따로 보는 아이,
전체로 보는 아이

환경 독립형 vs 환경 의존형

어떤 사물을 볼 때 그 사물을 둘러싼 배경(장, field), 즉 환경의 영향을 받지 않는 사람이 있는가 하면, 환경의 영향을 받는 사람도 있습니다.

예를 들어 복잡한 무늬가 있는 테이블 위에서 작은 귀걸이를 잘 찾아내는 사람이 있고, 귀걸이가 테이블 무늬와 한데 섞여 있는 것처럼 보여 잘 찾아내지 못하는 사람이 있습니다. 첫 번째 유형의 사람은 배경에 가려 눈에 잘 띄지 않는 사물을 따로 볼 수 있지만, 두 번째 유형의 사람은 배경과 사물을 하나로 봅니다.

내 아이는 어떤 스타일인가요? 수학 공부할 때의 아이를 떠올리면서 다음 문항에서 가장 비슷한 답을 골라 보세요.

문항	그렇다	아니다
수학 문장제를 잘 푸는 편이다.	1	2
문제가 길면 어려워한다.	2	1
문제가 복잡하면 어려워한다.	2	1
수학 문장제에서 중요한 단어를 잘 찾아내는 편이다.	1	2
수학 문장제에서 주어진 상황이 같아도 숫자가 바뀌면 다른 문제라고 생각한다.	2	1
사과 2개와 사과 3개를 더하는 문제는 잘 풀지만, 리본 2cm 와 리본 3cm를 더하는 문제는 어려워한다.	2	1
나무 블록 놀이를 좋아한다.	1	2
숨은그림찾기를 잘한다.	1	2
소꿉놀이나 인형놀이를 좋아한다.	2	1
13점 이하 : 환경 독립형 14점 이상 : 환경 의존형		

환경 독립형 아이를 위한 수학 지도법

환경 독립형 아이는 배경 속에서 사물을 잘 분리하는 편입니다. 복잡한 그림에 숨어 있는 도형을 찾는 과제를 풀 때 배경을 무시하고 금방 찾습니다. 이 유형의 아이들은 자신과 타인을 잘 구별하고 자기지향적이며, 자신만의 기준을 가지고 정보를 처리하는 경향이 있습니다. 어떤 복잡한 실제 상황에서 자신의 경험을 잘 분석하고 구조화하는 편입니다.

초등학생들을 대상으로 연구한 결과, 환경 독립형 아이는 수학이나 자연과학, 공학 등 분석적인 과목에서 뛰어난 성취를 보였습니다. 또한 다소 개인주의적이며 사회적 자극의 영향을 받지 않는 편이었습니다. 아이들의 성향은 유아 때 놀이를 하는 것에서도 드러나는데, 환경 의존형 아이는 같이 하는 놀이를 많이 하는 편이고, 환경 독립형 아이는 혼자 하는 놀이를 많이 한다는 연구 결과도 있습니다.

환경 독립형 아이는 타인에게 의존하지 않고 진취적이며 스트레스에도 강합니다. 주어진 자료를 전체적인 양상보다는 세부적인 항목과 절차에 따라 분석하는 편입니다. 환경 독립형 아이는 사물을 지각할 때 그 사물의 배경이 되는 주변의 영향을 전혀 받지 않거나 적게 받기 때문에 자신의 경험을 잘 분석하고 구조화하는 데 뛰어납니다. 복잡한 자극을 접했을 때는 필요한 요소와 불필요한 요소를 구분하고, 그것들 사이에 상호 독립성을 유지시키면서 자극을 지각합니다. 복잡한 디자인의 자료를 좋아하고, 자기 조절을 잘합니다.

수학 문장제를 풀 때 환경 독립형 아이가 환경 의존형 아이보다 문제 해결력이 더 뛰어났는데, 문장제에서 제시된 정보 중 문제 해결에 필요한 숫자 정보에 집중했기 때문입니다. 또한 자아와 비자아를 구별하는 사고방식을 갖고 있어서 자기 지향이며, 내적인 준거 체제에 따라 주어진 정보를 처리하는 경향이 있습니다.

한마디로, 환경 독립형 아이는 분석적이며 논리적이고 체계적인 사고를 합니다. 수학 학습에서도 문제 속에 숨겨진 정보를 찾아내서 잘 해결합니다.

내 아이가 환경 독립형이라면?

어릴 때는 전체적이고 정교하지 못한 환경 의존형이지만 점점 성장 발달하면서 환경 독립형이 되어 갑니다.

> ✉ 5학년인 아들은 자기 기준이 강하고, 수학은 문장제도 곧잘 푸는 편인데, 문제를 대충 읽고 숫자만 보고 풀어서 틀리는 경우가 종종 있어요.
>
> (초5 아들 엄마)

환경 독립형 아이를 위한 효과적인 지도법은 덜 구조화된 자료를 주고 자율적으로 학습하게 하는 것입니다. 이런 유형의 아이에게는 오류를 지적하고 왜 틀렸는지 구체적으로 설명하는 게 좋습니다. 또한 자유로운 방식보다는 기준과 원칙을 강조하는 지도법이 효과적입니다.

초등학교 4학년 학생을 대상으로 한 연구에 따르면, 자연수의 사칙 연산 문장제 평가에서 환경 독립형 학생들이 환경 의존형 학생들에 비해 잘 풀었습니다. 그러나 정형화된 문장제만 풀게 한다면, 아이는 창의적으로 해결해야 하는 문제를 맞닥뜨렸을 때 단지 주어진 숫자만 이리저리 조합해서 풀려고 할 수 있습니다. 따라서 정형화된 문제보다는 정보가 좀 부족한 문제를 풀게 해서 스스로 구조화하는 연습을 하도록 지도하는 게 좋습니다.

예를 들면, "사과가 한 상자에 50여 개 들어 있는데 이 중에서 12개를 먹었다면 몇 개 남았을까?" 같은 문제는 정보가 정확하게 제시되어 있지 않습니다. '50여 개'라는 정보만으로는 문제를 못 푼다는 걸 아이가 발견해 '53개'나 '54개'와 같이 구체적인 숫자로 수정하도록 문제를 변형하는 것은 덜 구조화된 자료를 스스로 구조화하게 하는 방법입니다.

> **환경 독립형 아이의 수학 지도 원칙**
>
> 1. 스스로 구조화할 수 있도록 덜 구조화된 자료를 제시한다.
> 2. 오류를 구체적으로 지적한다.
> 3. 수학 공부의 원칙을 강조한다.

환경 의존형 아이를 위한 수학 지도법

환경 의존형 아이는 배경이 무엇이냐에 영향을 받으며, 대상을 전체적으로 파악하는 경향이 있습니다. 환경 의존형 아이는 배경 속에 묻혀 있는 그림을 잘 찾아내지 못합니다. 배경과 사물을 구별하지 못하며 직관적으로 받아들입니다.

환경 의존형 아이는 배경과 대상을 전체로 봅니다. 타인에게 의존하는 편이며, 스트레스를 잘 극복하지 못합니다. 정보를 처리할 때 잘 구조화하지 못하며, 일반적인 원리를 발견한 뒤에 세부 자료를 분석하는 편이고, 상세한 안내 내용이 주어진 자료를 좋아합니다. 특히 사회적 정보에 관심이 많습니다.

환경 의존형 아이는 사교적이며 외부 환경에 민감하게 반응하고, 문제를 해결할 때도 사회적인 단서를 많이 사용하는 편입니다. 초등학생들을 연구한 결과, 환경 의존형 아이는 관계를 이해해야 하는 인문학이나 사회학 과목에서 뛰어난 성취를 보였습니다. 환경 의존형 아이는 꾸중에 영향을 받으므로 질책이나 평가를 할 때 조심해야 합니다.

내 아이가 환경 의존형이라면?

환경 의존형 아이는 사물을 지각할 때 그 사물의 배경, 즉 주변에 영향을 많이 받으며, 분석하지 않고 직관적으로 인지하는 편입니다. 배경 속에 묻혀 있는 사물을 따로 솎아 내지 못하고 전체적으로 다 함께 받아들이는 편이라서 숨은그림찾기를 잘 못합니다.

E라는 학생은 전날 시험공부를 하면서 풀었던 문제가 시험에 하나도 안 나왔다고 말합니다. 숫자만 바꾼 문제가 나왔으니 엄마가 보기에는 똑같은 문제인데, 아이는 처음 본 문제라서 못 풀었다는 것입니다. 또한 지문에 있는 설명 중에서 중요한 것에 밑줄을 그으라고 하면, E 학생은 모두 다 중요해 보인다고 말합니다. 이런 아이가 바로 환경 의존형에 속합니다. 소재나 표현이 바뀌면 전혀 다른 문제로 생각하기 때문에 중1의 경우 특히 '일차방정식의 활용' 문제를 어려워합니다.

✉ 올해 중1이 된 남학생입니다. 초등학교 수학까지는 무난하게 잘 공부해 왔는데, 중학교에 들어와서 문제 푸는 것을 상당히 어려워합니다. 특히 일차방정식의 활용 파트는 거의 손을 못 대고 있어요. 독해력이 문제인 것 같아 매일 일정량씩 가족 모두 동일한 책 읽기 활동을 하고 있지만, 왠지 밑 빠진 독에 물 붓는 느낌입니다.

(중1 아들 엄마)

아이가 일차방정식의 활용 문제를 못 푸는 이유는 모든 단어와 모든 단서가 다 중요해 보여서 핵심을 집어내고 구조를 파악하는 데 어려움을 겪기 때문입니다. 길고 복잡한 수학 문장제에서 키워드를 잘 찾아내지 못하는데, 예를 들어 '소금물'이 '설탕물'로 바뀌면 두 문제가 서로 다른 문제라고 생각합니다.

학생들이 문장제를 틀리는 이유는 문제에 들어 있는 문장을 오해해서, 전략을 성급하게 선택해서, 잘못 이해한 수학 개념을 사용해 풀어서, 계산 과정에서 실수를 해서, 아예 풀지를 않아서, 해답을 검토하지 않아서 등이 있습니다. 수학 문장제를 풀 때 환경 의존형 아이는 문제에 들어 있는 다양한 정보 중에서 필요한 정보와 불필요한 정보를 잘 구분하지 못하고, 문제에 주어진 숫자 정보보다는 환경적인 정보, 즉 '과자 할인'이나 '집에 오다가 넘어진 상황'에 주목합니다.

환경 의존형 아이에게는 잘 구조화된 명확한 교육이 효과적이므로 자료를 알아보기 쉽게 제시하는 게 좋습니다. 환경 의존형 아이에게 피드백을 할 때 되도록 비판적으로 하지 않도록 하고, 학습자 스스로 원칙을 형성하도록 돕는 것이 좋습니다.

환경 의존형 아이의 수학 지도 원칙

1. 구조화된 학습 방법을 일러 준다.

2. 여러 가지 유형의 문제를 뒤섞어 놓고 그중 같은 공식을 사용해서 풀어야 하는 문제끼리 분류하는 활동을 한다.

3. 문장제에서 상황을 고정하고 수치만 바꾸어 문제를 제시한다.

아이가 혼합 계산 문제를 어려워해요

초등 3학년 아이는 친구들 사이에서 리더십이 있고, 엄마가 시키는 대로 책임감 있게 잘하는 아이입니다. 지금까지는 수학에 대한 거부감 없이 자기 학년에 맞게 잘해 왔는데, 공부방 선생님 말씀으로는 수 감각이 좀 떨어진다고 하네요. 특히 혼합 계산을 어려워합니다. 예를 들어 다음과 같은 혼합 계산 문제를 풀 때, 기호를 제대로 보지 않고 '650+127'을 계산하려고 한다는 것입니다.

$$\boxed{}-650+127=450$$

빈칸을 구하기 위해 '거꾸로 풀기' 방법을 사용해서 '$\boxed{}-650$'이 323이 나왔는데, "이것이 무엇이니?" 하고 물으면 "'450−127'을 계산한 거예요."라고만 말할 뿐, 323이 '$\boxed{}-650$'과 같다는 것을 말하지

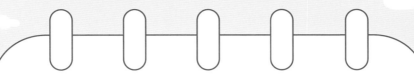

는 못합니다. 이런 식으로 문제가 뭔지를 알지 못하고 단편적으로 부분부분만 해결하며, 수직선이나 표 이해를 어려워합니다. 당시에는 잘 알아듣는 것 같아 보이는데 돌아서면 생각이 다 흩어져 버리는 것 같아요. 이런 아이는 어떻게 지도해야 할까요?

첫째, 리더십과 책임감이 있다.

둘째, 문제 전체를 보지 못하고 부분적으로 이해한다.

셋째, 표나 기호를 잘 이해하지 못한다.

솔루션 Solution

이 아이는 전형적인 환경 의존형 아이로 보입니다. 환경 의존형 아이의 특징과 같이 사교적이며 외향적인 편이기도 하고, 정보를 구조화해서 처리하지 못하기 때문입니다. 문제를 분석하지 않고 직관적으로 인지하는 편이라서 예시로 든 혼합 계산 문제에서도 '☐-650+127=450'을 분석하지 않고 직관적으로 '650+127'을 계산하려는 것입니다.

아이가 문제를 분석해서 파악하게 하려면, 문제를 절차적으로 제시하면서 이를 분석하는 경험을 하도록 지도하는 것이 좋습니다. 예를 들면, 위와 같은 문제를 틀렸을 경우 새로운 문제 '☐-650=450'을 제시해서 아까 그 문제와 비교하게 하는 것입니다. 그러고 나서 "어디가 다를까?" 하고 물어봄으로써 '☐-650+127=450'과의 차이를 찾아내고 어떤 절차가 추가되었는지를 생각해 보게 하는 것입니다. 빈칸의 위치, 숫자, 기호를 한꺼번에 바꾸지 말고 단계별로 다르게 제시해 주세요. 그래야 문제를 분석해서 파악하는 힘이 길러집니다.

틀린 문제를 계속 틀려요

초등 5학년인 큰아이는 미술 분야로 진로를 생각하는데, 미술 학원 선생님 말씀으로는 그림도 잘 그리고 색감도 좋지만 형태 구성이 좀 부족하다고 합니다. 그래서인지 수학에서도 도형을 어려워합니다.

어떤 문제를 한번 풀고 나서 다음에 비슷한 문제가 나오면, 이미 풀었던 방법에서 얻은 전략을 사용하지 않고 처음에 헤맸던 방식을 다시 반복합니다. 예를 들어, 12의 약수를 구하는 문제를 처음 풀 때는 생각나는 대로 3과 4만 구해서 틀립니다. 그래서 "1부터 하나씩 생각해 봐. 1과 12, 그 다음에 2와 6, 3과 4. 이제 더 이상 없지?" 하고 가르치면 당시에는 끄덕끄덕합니다. 그러고 나서 이번에는 18의 약수를 구하라고 하면 또다시 생각나는 대로 대답해서 몇 개를 빠뜨립니다.

이런 식으로 뒤죽박죽 푸는 상황이 반복되고 더 나아지지 않습니다. 아이가 끈기 있게 노력은 하는데 전날 설명한 것을 다음 날 잊어버려 똑같은 설명을 반복하게 하고 있어서 솔직히 힘이 듭니다.

첫째, 미술의 형태 구성과 도형을 어려워한다.

둘째, 이미 풀었던 전략을 다시 사용하지 못한다.

셋째, 문제를 뒤죽박죽 푼다.

솔루션 Solution

수를 분석하는 측면에서만 봤을 때, 아이는 환경 의존형입니다. 부모는 아이가 이렇게 한번 설명한 것을 그대로 받아들이지 못하고 시행착오를 반복하면 답답한 마음이 들고, '이해력이 떨어지는 게 아닐까?' 하는 생각을 하게 됩니다. 아이가 이해력이 떨어진다기보다는 분석력이 부족하다고 보아야겠지요. 문제를 분석해서 해결하는 능력은 다음과 같은 방법으로 문제를 뜯어 보는 연습을 통해 기를 수 있습니다.

사연에 나온 12의 약수를 구하는 문제에서처럼 "1부터 하나씩 생각해 봐. 1과 12, 그 다음에 2와 6, 3과 4. 이제 더 이상 없지?"라고 말하면, 아이는 고개를 끄덕이면서도 속으로는 "더 이상 없지?"라는 말이 무슨 뜻인지 모를 수 있습니다. 그런 경우 이 문제를 푼 경험을 18의 약수를 구할 때 적용할 수 없게 됩니다.

아이에게 '모든' 문제를 풀 수 있는 일반적인 전략을 알려 줘야 합니다. 예를 들면, 1부터 12까지를 모두 쓰고 나서 각각 곱해서 12가 되는 수를 찾게 하는 것입니다.

1단계 : 1부터 12까지 쓰기

1 2 3 4 5 6 7 8 9 10 11 12

2단계 : 각 수와 곱해서 12가 되는 수 찾기

1	2	3	4	5	6	7	8	9	10	11	12
12	6	4	3		2						1

이런 방법은 18의 약수를 구할 때도 적용할 수 있습니다. 1부터 18까지 쭉 쓰고 그 아래에 각각 곱해서 18이 되는 수를 찾는 것입니다. 이렇게 하다 보면 중간(9)을 넘어가면 일일이 계산할 필요가 없다는 것을 깨닫게 됩니다.

환경 의존형 아이에게는 이와 같이 배경을 걷어 내고 문제를 분석해서 들여다보는 방법을 직접 구체적으로 알려 주시기 바랍니다.

3부

실패하지 않는
12년 수학 공부의
로드맵

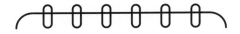

엄마표 수학이
실패하는 진짜 이유

아이가 초등학교에 들어가고 12년이 지난 어느 날, 엄마들이 한자리에 모여서 이야기를 나눴습니다.

한 엄마가 "그때 내가 더 꽉 잡았어야 했는데, 너무 느슨하게 했던 것은 아닌지 후회가 돼요. 조금만 더 시켰으면 이 성적보다는 잘했을 텐데 아쉬워요." 하고 말하자, 옆에 있던 다른 엄마가 "저는 반대예요. 가뜩이나 고집이 센 아이를 너무 꽉 잡았더니 아이가 나가떨어지고 말았어요. 제가 그렇게 애를 잡지만 않았어도 지금보다는 훨씬 나았을 텐데… 후회돼요."라고 합니다.

한숨을 쉬고 있던 다른 엄마는 "아휴, 수학에 대해선 말도 하기 싫어요. 우리 애는 수포자 된 지 오래잖아요. 애가 저랑 말이라도 좀 했으면 좋겠어요."라고 하고, 또 다른 엄마는 "저희는 수포자 안 만들려고 사교육비를 어마어마하게 쏟아 부었잖아요."라고 합니다.

사교육을 시키건 안 시키건 간에 부모는 직간접적으로 아이의 수학 학습에 관여합니다. 아이가 학교에 갈 무렵이 되면 차츰 초조해지기도 하고, 아이의 수학 공부에 관심을 갖는 것은 부모의 최소한의 의무이자 역할이라는 생각에 많은 부모가 자녀의 수학 학습에 관여합니다. 직접 가르치는 방식으로 관여하는 분도 있고, 사교육을 시키는 방법으로 관여하는 분도 있으며, 아이가 알아서 하도록 지켜보는 방식으로 관여하는 분도 있습니다.

최근의 한 연구에 따르면, 부모의 수학 학습 관여 과정은 '인식→개입→갈등→조절→성장'이라는 단계를 거칩니다. 즉, 아이의 수학 학습에 관여해야겠다고 마음먹고(인식 단계), 나름의 방식으로 개입을 합니다(개입 단계). 그러나 얼마 뒤 학습 방법에 대해 아이와 갈등을 겪게 됩니다(갈등 단계). 아이를 어르고 달래거나 더욱 강력하게 시키거나 하는 등의 행위를 합니다(조절 단계). 갈등과 조절을 거쳐 아이가 성장하고, 이제 엄마는 자신의 행동을 돌아보면서 어느새 아이와 함께 자신도 성장했음을 알게 됩니다(성장 단계).

이런 과정을 거친 뒤 작은아이에게 똑같은 단계를 다시 반복하는 엄마도 있고, 큰아이와의 경험에서 얻은 깨달음으로 둘째나 셋째 아이들에게는 다른 방법으로 개입하는 엄마도 있습니다. 이 과정에서 엄마가 겪는 경험이 엄마 자신에게는 새로운 깨달음을 얻는 성장의 기회일 수 있지만, 아이는 어떨까요? 그동안 아이가 겪은 심리적 고통은 수학을 포기하는 정도를 넘어서는 더 큰 것일 수도 있습니다.

12년이 지난 뒤, 초기에 자신이 계획했던 대로 잘되었다는 엄마(부모)보다는 실패한 것 같다는 엄마가 더 많습니다. 엄마의 수학 학습 관여가 실패하는 이유는 무엇일까요?

부모가 일방적으로 학습 계획을 짠다

아이의 수학 학습 방향을 정할 때 아이 성향보다는 부모 자신의 교육적 소신이나 성향에 따르는 경우가 많습니다.

엄마 자신의 소신대로 6학년까지 아이를 한 번도 학원에 보내지 않고 집에서 직접 가르친 분이 있습니다. 초등 때 아니면 시간적 여유가 없을 거란 생각에 절약한 학원비를 모아서 아이와 함께 매년 해외로 여행을 다녀오기도 했습니다.

그러다가 6학년 겨울방학 때 다른 엄마들이 아이에게 중학교 대비 선행 학습을 시키는 걸 보고 갑자기 겁이 덜컥 나 이 엄마도 아이를 학원에 보냈습니다.

그런데 학원에 처음 보내다 보니 학원에 대한 안목이 전혀 없어서 크고 유명한 학원을 선택했습니다. 뒤늦게 아이가 학원 수학 수업을 제대로 따라가지 못하는 것을 알게 되었고, 결국 진로를 예체능으로 바꾸었습니다. 엄마는 아이의 진로를 바꾸게 된 것이 순전히 본인 탓인 것 같아 괴로웠습니다.

✉ 아이가 저학년이었을 때 기본기를 잡아 주지 못해서 그런가, 비전문가인 내가 아이를 가르쳐서 그런가, 엄마인 내가 산만하고 규칙적이지 못하고 일관성이 없어서 아이도 그렇게 길들여졌나, 학기 초여러 학원을 전전하며 방황하게 만들어 그런 건가 하는 자책감이 들었어요.

(중3 딸 엄마)

이와는 정반대로 미리 해둬야 잘한다는 엄마의 교육 소신에 따라 다섯 살 때부터 사교육을 시키고, 이렇게 공부하면 된다는 식의 각종 학습 정보를 수집해서 아이에게 제공하는 부모가 훨씬 더 많습니다.

두 아이를 둔 엄마가 있습니다. 이 엄마도 엄마 역할이 처음이라, 자유롭게 공부하기를 바라는 큰아이는 곁에 붙어서 일일이 시켰고, 엄마 바라기를 하는 둘째는 자유롭게 내버려 두었습니다. 새로운 것을 좋아하는 큰아이에게는 예습을 시켜 수학에 대해 식상하게 만들었고, 낯선 것을 두려워하는 아이에게는 복습을 시켜 계속 뒷걸음질 하게 만들었습니다. 엄마의 학습 계획이 아이 개인의 성향을 반영한 것이 아니었기 때문입니다.

아이는 각자의 인격과 개성이 있는 존재입니다. 그 누구에게도 완벽하게 들어맞는 학습 계획이란 존재할 수 없고, 자신에게 맞지 않는 학습 계획을 12년 동안 끝까지 유지하기도 불가능합니다. '엄마로서 내가 무엇을 어떻게 해야 하지?' 하는 고민에 앞서, 지금까지 살펴본 것처럼 '내 아이는 어떤 성향을 갖고 있을까?'에 대해 먼저 깊이 생각해 보아야 할 것입니다.

융통성 없이 밀어붙인다

일방적인 수학 공부 계획을 짜고 나서 "하기로 한 건 꼭 지켜야 한다고 생각해요."라며 흔들림 없이 밀어붙이는 분이 많습니다. 하루하루의 학습표를 만들고, 방학에는 완벽한 학습 계획을 짭니다. 하지만 삶에는 변수가 있게 마련입니다. 12년 동안 한결같이 수학을 잘하는 아이보다는 초등 3학년 때까지만 잘했다거나, 6학년 때까지만 잘했다거나, 중학교 때까지만 잘했다는 아이가 더 많습니다.

아이가 계속 잘했으면 좋겠지만 실제는 그렇지 않습니다. 이유는 무엇일까요? 학년별 학습량을 조절하지 않고 융통성 없이 밀어붙였기 때문입니다. 어떤 상황에서도 밀어붙이며 '너 자신과의 약속'이니 반드시 지키라고 하다 보면 갈등을 겪을 수밖에 없습니다. 특히 중학생 시기에 가장 중요한 것이 '아이와의 관계'입니다. 부모와 자녀 간에 학업 문제로 빚어진 갈등은 주변에서 흔히 볼 수 있으며, 차마 입에 담기 힘든 심각한 상황도 벌어지고 있습니다.

아이와 관계가 안 좋으면 공부를 시킬 수 없습니다. 그렇게 되기 전에 상황에 따라 융통성 있게 조절해 가야 합니다.

초3에게 고3 공부법을 강요한다

아이가 어릴 때는 시간이 더디 가는 듯합니다. 아이가 초등 1학년 때는 학교생활을 잘할 수 있을지 걱정하며 하루하루 보살피다가 3학년쯤 되면 정말 다 큰 것처럼 보입니다. 굉장히 많은 시간이 지난 것 같고, 1학년보다는 고학년이라는 생각에 초조한 마음도 듭니다. 하물며 6학년쯤 되면 졸업을 앞두고 있으니 이제 곧 입시생이 될 것처럼 여겨집니다.

네 살 된 아이에게 "너는 왜 너 하고 싶은 대로만 하니?" 하며 야단치는 엄마를 보고 깜짝 놀란 적이 있습니다. 네 살 아이가 자기 하고픈 대로 하는 것은 너무나 자연스러운데 말입니다. 수학 공부를 시킬 때도 초등 2학년 아이에게 오답 노트를 작성하도록 하는 등 마치 고3 수험생에게 필요할 법한 공부법을 강요합니다. 아이의 학습 태도에 대해서는 고3 수험생 대하듯 하면서, 정작 수학 점수에 관해서는 초등학교 수학은 쉬우니까 100점을 받아야 한다고 생각하는 부모도 많습니다.

초3의 학습법과 고3의 학습법은 엄연히 다릅니다. 초3에게 고3처럼 공부하게 하는 것은 아이에게 너무 가혹합니다. 12년 교육 과정을 전체로 본다면 6학년은 겨우 중간에 해당하고, 초등학교 3학년은 이제 4분의 1이 지났을 뿐입니다.

한 대입 설명회에서 "공부는 고3 때 하지 고1, 2 때는 안 하잖아요?"라는 강사의 말에 대중이 한바탕 웃었습니다. 웃은 이유는 입시생 부모라면 대부분이 이에 공감하기 때문입니다. 고3의 학습량에 비하면 고1, 2 학생들의 공부는 공부도 아니라는 의미입니다. 그런데 지금 고3 수험생처럼 공부를 시키는 초등 학부모들이 있습니다.

강도가 높은 학습을 12년간 지속적으로 하기란 불가능에 가깝습니다. 초등학생들은 아직 어린 학생답게 여유 있고 느슨하게 해도 됩니다.

아이의 현재 학습 태도가 마음에 들지 않는 분들은 '내가 아이를 고3처럼 대하는 건 아닐까?' 하고 한번 생각해 보시기 바랍니다.

수학에 흥미를 가지라고 강요한다

"수학에 흥미가 없어서 걱정이에요. 어떻게 하면 수학에 흥미를 갖게 할까요?"라는 질문을 매우 많이 받습니다. 그런데 생각해 보면 모든 사람이 수학에 흥미를 가질 수는 없습니다. 요리에 흥미가 없는 사람에게 "요리에 흥미가 없어서 어떻게 하니? 음식을 만들 줄 알아야 먹을 줄도 아는 건데 큰일이다."라는 말을 한다고 해서 없던 흥미가 저절로 생기지는 않습니다. 대신, '요리를 배우면 나쁘지는 않겠구나.' 하는 생각을 갖게 할 수는 있습니다. 요리에 대해 호감을 갖는 사람은 비록 요리를 잘하지는 못하더라도 요리사를 보고 무섭다며 도망가거나 피하지는 않을 것입니다. 수학도 그렇습니다. 누구나 수학에 흥미를 느낄 필요도 없고, 흥미를 느끼지 않는다고 큰일 나는 것도 아닙니다. 다만, 비호감이 생기면 수학 학습을 계속하기 어렵고 수학으로부터 도망치게 된다는 게 문제입니다.

아이가 수학에 흥미가 있다면, 아이 자신의 호기심과 흥미를 쫓아

가도록 그냥 두면 됩니다. 반대로 아이가 수학에 흥미가 없어 보일 경우는 어떻게 해야 할까요? 아이에게 "수학이 얼마나 재미있는데?" 하면서 매일매일 수학의 흥미를 강조하는 게 좋을까요? 결론적으로 말하자면 이 방법은 효과적이지 않습니다. 그러면 그럴수록 달아나는 아이가 더 많기 때문입니다. "엄마는 맨날 수학이 재밌다는데… 믿기지가 않아요."라고 말하는 아이도 있었습니다. 가뜩이나 수학에 흥미가 없는 아이에게 아이 성향을 무시한 방법으로 지도한다면 더 심각한 비호감으로 바뀔 수 있습니다. 한번 비호감이 생기면 수학을 쳐다보기도 싫습니다. 밉고 싫은 감정을 가진 채 매일 수학 공부를 해야 한다면 얼마나 곤혹스러울까요?

이럴 때는 수학에 대한 흥미를 억지로 강요하지 말고, 수학을 잘했을 때의 효과를 강조하는 편이 낫습니다. "수학을 잘하면 친구들에게 인기가 좋아지니까 너를 빛나게 해 줄 거야."라든가, "수학은 네가 컴퓨터를 더 잘하게 해 줄 거야."라는 식으로 수학을 잘했을 때의 효과를 말해 주는 것입니다. 그리고 수학 박물관 체험, 게임, 놀이, 만들기, 책 읽기, 문제 풀기 등 여러 가지 방법 중 아이가 좋아하는 방법으로 지도하면 수학에 대한 호감이 생길 수 있습니다.

수학을 꼭 좋아해야 한다거나 반드시 수학에 흥미가 있어야 한다는 생각에서 벗어나시기 바랍니다. 수학에 대한 비호감이 생기지만 않아도 됩니다. 수학에 대해 긍정적으로 생각해야 수학을 길게 잘할 수 있습니다.

아이의 성향을 고려하지 않은 채 부모가 일방적으로 학습 계획을 짜고, 융통성 없이 밀어붙이고, 과도한 학습량을 꼼꼼히 학습하도록 요구하고, 수학에 흥미를 가지라고 강요한다면, 아이들이 어떻게 12년을 견딜 수 있을까요? 자기가 원하는 방향과 방법이 있는 자율형 아이라면 더더욱 이런 강요가 통하지 않습니다.

취학 전에는 자유롭고 창의적이었던 아이들이 학교에 들어가면 달라집니다. 학년이 올라가면서 점점 나태하고 게으른 모습을 보이며 타성에 젖다가 수학을 포기하기에 이르는 것입니다. 부모의 일방적인 지도 방식 때문에 이런 일이 생기지는 않도록 노력해야 할 것입니다.

자기 주도로 공부해야
길게 잘한다

수학 실력을 높이고 점수도 잘 받도록 하는 것은 '지능'이 아니라 수학에 대한 '태도'입니다. 수학에 대해 호감과 긍정적인 태도를 가지고 자기 주도적으로 학습하면 누구나 잘할 수 있습니다. 교육자들 또한 수학은 자기 주도로 학습해야 길게 잘한다고 입을 모아 말하곤 합니다.

자기 주도 학습을 하는 아이는 학습 방법에 대해 개방적입니다. 이런 방법은 안 되고 저런 방법만 된다는 생각은 폐쇄적 사고입니다. 자기 주도 학습자는 모든 것을 열어 놓고 개방적으로 생각하며, 새로운 방식을 시도하려 하며, 자신에게 맞는 방법을 자신이 스스로 선택하고자 합니다.

또한 자기 자신에 대해 긍정적으로 생각하고, 수학에 대한 지적 호기심과 수학 공부를 해야 하는 자기만의 이유를 가지고 있으며, 학습 결과에 대해 스스로 책임지려고 합니다. 이런 태도는 자라면서 서서히 길러집니다.

자기 주도 학습자의 학습법으로는 '자기 조절 학습'을 들 수 있습니다. 자기 조절 학습에는 동기 조절과 인지 조절, 행동 조절이 있습니다. 여기서 수학에 대한 호감을 갖게 하는 것은 바로 동기 조절입니다. 수학 문제를 풀다가 틀려도 다시 풀면 된다는 긍정적인 자세로의 도전이 필요합니다. 이런 자세로 수학 공부를 잘하는 것이 자신에게 유익하다는 생각을 하는 것이 동기 조절입니다.

한편, 수학 공부를 시작하게 하고 수학을 계속 공부하고 싶게 하는 의지가 행동 조절입니다. 학습 의지가 있어야 수학 공부라는 행동을 계속할 수 있습니다. 그리고 공부한 내용을 조직화하거나 공부 계획을 짜고 학습 전략을 수정하는 것이 인지 조절입니다. 이처럼 아이가 자신의 동기와 의지와 행동을 스스로 조절하며 학습하면 성취를 높일 수 있는 것입니다.

그런데 왜 자기 주도 학습이 잘 이루어지지 않는 걸까요?

왜 대부분의 아이가 자기 주도 학습에 실패할까?

✉ 초등 때부터 수학 문제가 조금만 어려워도 제가 같이 풀어 줬어요. 그랬더니 습관이 되었는지 지금 중2인데도 스스로 푸는 게 너무

힘들다고 합니다. 아이가 문제와 씨름하면서 혼자 풀기보다는 시험 때마다 제가 풀이 과정을 설명해 주며 도움을 주어서 그런 걸까요? 아이가 혼자 발 떼고 걷기를 두려워하는 모습을 보입니다.

(중2 딸 엄마)

아이의 학습력을 믿지 못하면 아이가 뒤떨어질까 하는 걱정과 조바심이 생깁니다. 아이가 중학생이 되었지만 시험 때마다 엄마가 모든 과목의 교과서 내용을 달달 꿰어 차고 아이의 학습을 하나하나 도와주는 이유는, 아이 혼자 공부하게 하면 좋은 점수가 나오지 않을 것이라는 불안 때문입니다.

아이의 수학 성적 때문에 고민하는 엄마에게 "옆에 딱 붙어서 같이 공부해야지 알아서 하라고 내버려두면 안 된다."고 조언하는 분도 많습니다. 이런 조언을 들으면 엄마는 불안할 수밖에 없습니다. '언제까지 밥을 씹어서 입에 넣어 줘야 하는 걸까? 아이를 혼자 서게 하는 방법을 만들어야 하는 거 아닌가?' 하는 생각이 들기도 하지만, 정작 실천에 옮기기는 쉽지 않습니다.

초등 때는 물론이고 중학교에 가서도 학원, 과외, 인강 다 엄마가 계획표대로 시키고, 그것도 모자라서 시험 기간에는 기출 문제나 예상 문제 등을 직접 찾아서 풀게 한 엄마가 있었습니다. 그런 방법으로 아이가 상위권 성적을 유지하자 학교에서는 과고 진학을 권했는데, 결과적으로 과고에 들어가지는 못했습니다.

하지만 그 후에도 엄마의 공부 뒷바라지는 계속되었습니다. 그 엄마는 "어려서부터 내가 나서서 다 계획 짜고 해 주다 보니까 아이가 자기 혼자서는 시험 준비가 잘 안 된다고 하더군요. 고등학생이 되어서까지 전 과목을 도와준다는 게 너무 힘들었어요. 결국 제가 제대로 정보 수집도 못 하고 우왕좌왕하다 보니까 아이 성적은 계속 떨어지고 말았죠. 제가 일일이 나서서 챙겨 주는 바람에 아이가 스스로 해야 할 시기에 그렇게 하지 못하게 된 것 같아 후회가 됩니다."라고 했습니다.

아이가 도움을 청하기도 전에 미리 엄마가 나서서 도와주면 아이는 자연스럽게 타인 주도형이 됩니다. "자기 주도형이 좋은 말인 건 알겠는데, 그게 말처럼 쉽나요?"라는 분도 있습니다. 아이가 자율적으로 공부해야 된다는 말이 너무나 당연한 진리라는 걸 알지만 실천이 쉽지 않은 이유는, 지켜보는 부모가 참을성이 부족하고 급한 성격이어서 그런 건 아닐까요?

제가 연구한 바에 따르면, 학생들이 수학 공부를 열심히 하는 이유는 다음의 5가지입니다. 부모나 선생님에게 인정받기 위해서(타인 가치), 수학이 일상생활에 필요하기도 하고 학생의 의무이니까(사회적 가치), 나 자신의 미래를 위해서(개인 미래 가치), 수학에 대한 두려움을 극복하고 자신감을 갖기 위해서(자신감 가치), 수학에 지적 호기심을 느끼기 때문에(내재 가치) 등입니다.

이 중에서 무엇을 가장 크게 생각하는지는 아이마다 다릅니다. 어떤 아이는 호기심을 채우려고 수학을 공부하고, 또 어떤 아이는 자신에게 주어진 의무를 다하기 위해 성실히 공부합니다. 그런데 신기하게도 엄마들은 한결같이 "아이가 나를 기쁘게 해 주기 위해서 수학 공부하기를 바라는 게 아니에요. 내 아이가 자신의 미래를 위해 최선을 다해 공부하기를 바랄 뿐입니다."라고 대답한 데 반해, 아이들은 "엄마 아빠를 기쁘게 해 주기 위해서(타인 가치) 열심히 수학 공부를 하고 있어요."라고 말했습니다.

아이 앞에서 "네가 수학을 잘해서 나를 기쁘게 해 주면 좋겠어!"라고 대놓고 말하는 부모도 있겠지만, "전적으로 네 미래를 위해서 수학 공부를 열심히 해야 하는 거야."라고 말하면서 겉으로 의도를 드러내지 않더라도 속으로는 '그러면 내가 참 기쁠 거야.'라고 생각하는 부모가 많습니다.

아이들은 부모의 이런 속마음을 이미 잘 알고 있습니다. 수학 공부가 엄마 아빠를 기쁘게 하는 것과 전혀 무관하다면, 왜 그렇게 일일이 나서서 억지로라도 내게 수학 공부를 시키려고 하는지, 왜 내 수학 점수 하나에 그렇게 불같이 화를 내는지, 단원 평가 100점에 왜 나보다 더 그렇게 환한 표정을 짓는지에 대해 아이들은 의아할 수밖에 없겠지요.

타인 주도형인 초등학교 3학년 아이를 지금 당장 자기 주도 학습자가 되게 할 수는 없습니다. 서서히 자기 주도 학습을 하도록 이끌어 주는 것이 중요합니다. 아이가 현재는 타인 주도적인 학습을 하고 있더라도 주도권을 점차 아이에게 내어 준다면 자기 주도 학습자로 성장하게 됩니다.

아이의 성향에 따른 자기 주도 학습법

아이들의 수학 학습 성향은 매우 다양합니다. 아이의 성향을 인정하며 자기 주도 학습자로 성장하게 하려면 어떻게 도와주어야 할까요? 학습 스타일이 다른 두 학생의 자기 주도 학습 방법을 살펴보겠습니다.

A 학생	B 학생
자율형	타율형
경쟁형	협동형
규칙형	벼락치기형
독립형	의존형
새로움 지향형	익숙함 지향형
숙달 지향형	점수 지향형
시각 선호형	언어 선호형
이해형	암기형
환경 독립형	환경 의존형

A 학생의 특성을 설명하면 다음과 같습니다.

- 자율적으로 학습하는 편이며, 경쟁심이 강해서 다른 친구들의 수학 점수에 관심이 많다.
- 평소에 꾸준히 공부하는 편이며, 옆에서 누가 일일이 설명해 주는 것을 싫어하고 스스로 알아내려고 한다.
- 같은 문제를 반복해서 푸는 것을 지겨워하고, 수학 학습의 목표는

'내가 똑똑해지는 것'이다.

- 어떤 설명이 글자나 말로 제시되는 것보다는 그림이나 그래프로 제시된 것을 좋아한다.
- 외우는 걸 싫어하고 숨은그림찾기를 잘하고, 수학 문장제에서 핵심을 잘 뽑아 내는 편이다.

내 아이가 이런 특성을 가지고 있다면 부모로서 어떻게 도와주어야 할까요? '아이 스스로 목표를 세우게 하며, 그 목표와 방법을 인정하고 자율적으로 공부하게 두는 것'이 그 방법입니다. 이 학생은 자율형으로서 자기 주도적으로 공부하는 것을 좋아하므로, 교재나 진도 등을 부모가 직접 정해 주는 것은 좋지 않습니다. 부모가 아무리 학창 시절에 수학을 잘했고 자신만의 학습 노하우가 있다고 해도 아이에게 그것을 강요하지 말아야 합니다. 그야말로 스스로 알아서 하도록 기회를 주어야 합니다.

이런 특성의 아이에게는 구구절절 처음부터 끝까지 자세히 설명하지 말고 그때그때 살짝 힌트를 주는 것이 좋습니다. 다만, 친구들에 대한 경쟁심이 지나칠 수 있고 그로 인해 스스로를 힘들게 할 수 있으니, 마음을 편안히 할 수 있는 말을 자주 해 주며 격려하는 것도 좋습니다. 그러면 아이는 책임감을 가지고 자기가 계획한 학습을 잘해 나갈 것입니다.

한편, B 학생의 특성을 설명하면 다음과 같습니다.

- 사람들과 어울리고 관심받는 것을 즐기는 편이다.
- 수학 공부를 할 때 혼자 독서실에서 공부하는 것보다는 소그룹으로 공부하는 것을 좋아하며, 평소에 공부하기보다는 시험을 앞두고 벼락치기로 하는 편이다.
- 친구들보다 더 잘해야겠다고 생각해서 공부하기보다는 선생님께 인정받고 싶어서 공부하는 경향이 있다.
- 수학 학습의 목표는 좋은 점수를 얻는 것이며, 끝까지 혼자 알아내기보다는 누가 옆에서 힌트를 주거나 설명해 주기를 원한다.
- 개념을 이해하기보다는 외워서 문제를 풀려고 하고, 새로운 유형의 문제보다는 익숙한 유형의 문제들을 선호하며, 도형보다는 공식으로 된 자료를 더 좋아한다.
- 수학 문장제에서 말하고자 하는 핵심을 잘 찾지 못하는 편이다.

이런 특성의 아이에게 자기 주도 학습 습관을 키워 주려면 부모가 어떻게 도와주어야 할까요? 일단 장기적으로 생각해야 하며, 두 단계로 나누어야 합니다. 먼저 1단계에서는 학습 계획을 아이와 같이 세우고, 잘 실천하고 있는지 자주자주 확인하는 등 늘 관심을 갖고 도와줍니다.

타율형이고 의존형인 아이에게는 스스로 하라고 채근하기보다는 옆에서 이끌어 주는 지도가 필요합니다. 일단 처음에는 스스로 알아서 하도록 두기보다는 부모가 적절하게 개입해야 합니다. 교재나 진도를 같이 정하는 것이 좋고, 수학 문제를 설명할 때는 요점만 간단히 하기보다는 예시를 많이 들면서 충분히 설명해 주는 것이 좋습니다. 벼락치기형 학습자이기 때문에 한 학기 동안의 장기적 계획보다는 한 달이나 2주 정도 짧은 기간의 학습 계획을 세우는 것도 효율적입니다.

또한 사회적인 관계를 중요시하는 편이기에 문제를 잘못 풀었다고 해서 기분을 상하게 하는 말을 하면 안 됩니다. "다음에는 더 잘해."라는 말은 이번은 잘 못했다는 말로 들을 수 있어 아이가 상처받을 수 있고, 점수에 연연해하는 마음을 강화시킬 수 있으므로 되도록 삼가는 것이 좋습니다.

틀린 문제는 반복해서 여러 번 다시 풀게 해도 됩니다. 아이가 암기를 해서 문제를 풀려고 하더라도 "그렇게 외워서 풀려고 그러면 안 된다."고 야단치지 않아야 합니다. 수학에 대해 비호감이 생기지 않도록 유의하면서 이 아이 나름의 학습 방식으로 인정해 주어야 합니다. 아이가 사교육을 원할 경우, 일대일보다는 서너 명 이상의 또래 그룹 수업이 좋습니다.

그 다음 2단계에서는 학습 계획표나 진도표를 스스로 짜게 합니다. 이때 무작정 계획표를 만들라고 하는 것보다는 학습 플래너 등을 사용하게 하면 체계적인 계획을 세우는 데 도움이 됩니다. 더불어 학습 동기를 찾도록 도와주어야 합니다. 아이가 시험을 보고 오면 점수와 상관없이 깔끔하게 "수고 많았어."라고만 해 주세요. 자신의 수고를 부모가 인정해 주는 것에 마음이 안정되면서 점차 결과보다는 과정을 중시하고 숙달 지향 목표로 공부하는 태도를 갖는 데 도움이 됩니다.

　의존적인 학습 태도에 대해서는 처음에는 "도와줄게."라고 하다가 아이의 실력이 점차 나아지면 "이제는 혼자 해도 되겠는데?"라고 하면서 독립적으로 학습할 기회를 주도록 합니다. 의존형이라고 해서 끝까지 도와주면 타인 주도형으로 자랄 수 있고 그냥 방치하면 학습 결손이 생길 수 있으므로 처음에만 도와주자는 것입니다. 그러다가 개념 이해도 하고 원리 적용도 제법 한다 싶으면 서서히 스스로 해결하도록 독립시킵니다.

초·중·고 12년,
시기별로 중요한 수학 공부법

일희일비하지 말자

수학 공부를 하고 있는 아이를 보면서 어른들은 종종 아이의 미래를 예측합니다. 100점을 받아 오면 쭉쭉 위로 뻗어 가는 직선을 상상하고, 60점을 받아 오면 아래로 곤두박질치는 직선을 상상합니다.

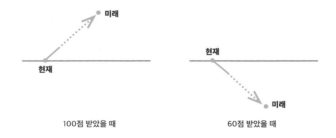

하지만 실제로는 그렇지 않습니다. 직선의 그래프가 아니라 포물선 모양이 될 수 있습니다. 잘하는가 싶더니 서서히 성적이 떨어지고, 못하는 줄 알았는데 치고 올라가기도 합니다. 12년 학교 수학을 배우는 동안 슬럼프가 오기도 하고, 공부해야 할 이유를 찾아 미친 듯이 열심히 할 수도 있기 때문입니다.

수학에서 배우는 일차함수의 그래프는 직선 모양이고, 이차함수의 그래프는 포물선 모양입니다. 삼차, 사차, 오차 등 다항함수의 그래프는 오르락내리락하는 모양을 하고 있습니다. 사실 인생 전체를 돌아보면 직선이나 포물선보다는 오르락내리락하는 다항함수 그래프와 같습니다.

우리는 현재 이 그래프의 '어디쯤'에 있습니다. 올라가는 중일 수도 있고, 내려가는 중일 수도 있습니다.

내려가는가 싶으면 용기를 주어 일으켜 세우고, 올라가던 아이가 잠시 슬럼프를 겪더라도 지켜봐 주어야 합니다. 아이의 작은 실수, 작은 성공에 너무 일희일비하지 마시기 바랍니다. 지금 이 순간은 인생이라는 '과정'의 일부입니다.

12년을 전체로 보고 균형 있게 지도한다

큰 줄기를 가지고 균형 있게 학습하는 게 자연스럽고 가장 좋은 결과를 냅니다. 수학을 잠깐 잘했다가 마는 아이는 많습니다. 하지만 학교 수학 12년을 꾸준히 잘하고 결정적인 시기에 자신의 실력 발휘를 최대한 잘하는 아이는 많지 않습니다. 큰 줄기를 가지고 수학을 균형 있게 학습하도록 부모는 어떻게 지도해야 할까요?

먼저 엄마(부모)가 12년 수학 전체에 대한 안목이 있어야 합니다. 아이의 초등학교, 중학교, 고등학교까지 12년 내내 아이와 같이 지내면서 학습을 관리할 수 있는 사람은 엄마(부모)뿐입니다. 공교육이나 사교육 선생님들은 어느 한 시기에 아이에게 도움을 줄 수는 있지만 아이의 12년을 계속 함께할 수는 없습니다.

엄마가 자기 아이를 직접 가르치거나 가르치지 않거나 각 시기별로 가장 중요한 것이 무엇인지 전체적인 교육 과정의 흐름을 알아야 합니다.

그리고 내 아이의 성향을 잘 파악하고 있어야 합니다. 그래야 '지금부터 한 학기 동안은 연산 학습지를 시켜야겠다.'라거나, '분수를 좀 어려워하는데 분수가 중요하니까 분수 문제만 따로 풀어 보게 해야겠다.' 같은 결정을 할 수 있습니다.

초·중·고 12년 수학 틀 잡기

수학은 최소 12년 동안 계속 공부해야 합니다. 따라서 한 달이나 한 학기, 한 학년이 아니라 12년을 전체로 보고 큰 틀에서 계획을 세워야 합니다. 그래야 중간에 포기하지 않고 길게 잘할 수 있습니다.

초등학교 6년-수학에 대한 호감 키우기

초등학교 수학에서 어떤 개념을 알고 연산력을 습득하는 것보다 더 중요한 것은 수학에 대한 긍정적인 태도입니다. 수학에 대해 긍정적 태도를 갖고 있어야 수학을 길게 잘할 수 있습니다. 수학 실력을 키워 준다며 초등학생을 고3처럼 공부시키지 마시기 바랍니다.

아이의 성향을 파악하고, 성향에 맞는 수학 체험과 게임, 놀이, 만들기, 책 읽기, 문제 풀기 등 다양한 방법을 통해 수학에 대한 호감을 키워 주세요. 초등학교 6년의 지도 목표를 '호감'으로 잡아 주세요.

중학교 3년-기초 개념 습득과 문제 풀이 연습

본격적으로 수학을 공부하고 연습하는 시기입니다. 수학에 대한 호감을 바탕으로 충분히 익숙해지도록 많은 연습과 경험을 하도록 이끌어 주세요.

하지만 아이와 관계가 안 좋으면 충분한 연습을 하도록 이끌어 줄 수가 없습니다. 만약 사춘기에 접어든 아이와 갈등 관계라면 갈등을 심화시키지 말고 아이를 기다려 주세요. 초조한 마음으로 갈등을 없애려고 해도 단기간에 안 됩니다. 때로는 시간이 약이므로 기다려 주세요. 중학교 3년의 지도 목표를 '개념과 연습'으로 잡아 주세요.

고등학교 3년-실전 연습

가장 중요한 시기입니다. 문제를 풀면서 시간을 재는 등 실전 연습을 해야 합니다. 시간을 재면서 공부하는 것은 초등학생이 아니라 입시를 앞둔 고등학생의 실전 공부법입니다. 오답 노트를 작성해서 오류의 원인을 찾고 고쳐 나가는 것은 고등학생용 학습법입니다.

입시가 코앞이라고 아이를 닦달하거나 불안해하지 마세요. 공부는 아이 본인이 하는 것입니다. 목표를 구체적으로 정하도록 도와주고, 안정된 마음으로 공부에 집중할 수 있게 해 주세요. 마음이 안정되어야 공부할 힘이 생깁니다. 고등학교 3년의 지도 목표를 '실전 연습'으로 잡아 주세요.

학습량은 학년별로 조절한다

학습량은 초등학교, 중학교, 고등학교에 올라가면서 서서히 늘리는 방식이 효율적입니다. 이때 학습량을 적절히 조절하지 않으면 학습 과잉이나 학습 부진이 생길 수 있습니다.

다음 그림에서 검은색 그래프는 12년 동안의 수학 학습량을 나타냅니다. 수학 학습량은 학년이 올라가면서 점점 늘어납니다. 그리고 3개의 빨간색 그래프는 세 가지 유형의 학습자가 12년 동안 학습한 양을 나타냅니다.

먼저 A는 12년 내내 수학 공부를 계속 열심히 한 경우로, 극단적인 학습 과잉을 나타냅니다. 그래프만 보아도 숨이 막힐 정도로 이아이는 조금도 흐트러짐 없이 12년 내내 많은 양의 학습을 매일 계속했습니다. 과목이 수학 한 과목뿐이라면 몰라도 학교 교과는 수학만 있는 게 아닙니다. 12년 내내 수학을 이렇게 공부한다면 분명 다른 과목에서 결손이 생기게 됩니다. 혹은 아이가 대학에 들어가고 나서 심리적인 문제가 생길 수도 있습니다.

B는 수학 공부를 전혀 안 한 경우입니다. 저학년 때부터 아예 손을 놓은 경우에 해당하고, 극단적인 학습 부진아의 모습입니다.

C는 초등학교 저학년 때 그야말로 '빡세게' 공부를 하다가 점점 수학에 손을 놓게 된 '수포자'의 전형적인 모습입니다. 어릴 때 수학 공부를 너무 많이 해서 어느 날부터 점점 하기 싫어하는 아이를 나타냅니다. 이들 중에 수포자가 많습니다. 수포자들이 처음부터 공부를

안 한 게 아니라는 것입니다. 오히려 초기에 너무 힘을 빼서 그 부작용으로 수학을 포기하게 된 사례가 더 많습니다.

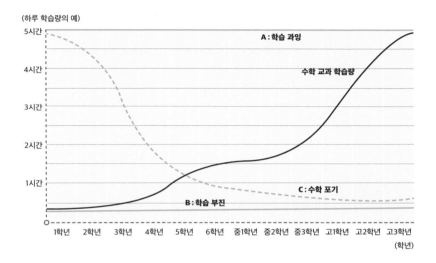

(하루 학습량의 예)

그렇다면 어떻게 하는 것이 합리적이고 효율적인 학습량일까요? 다음의 그림에서 수학 교과의 학습량에 따라 점점 양을 늘리는 D와 같은 그래프가 가장 효율적입니다. 초반에는 조금씩 공부하다가 너무 무리하지 않고 서서히 양을 늘려 가는 것입니다.

합리적인 학습량을 정하기 위해서는 초1부터가 아니라 거꾸로 고3부터 예측해 보는 게 좋습니다. 고3이라면 수학을 하루에 얼마나 공부할지 생각해 봅니다. 그것을 기준으로 고2를 생각하면 고3보다는 적은 양일 것입니다. 고1은 고2보다 적습니다. 그런 식으로 학년별로 내려오면서 양을 정하면 지금 내 아이의 학년에 맞는 학습량이 얼마인지 가늠할 수 있습니다.

　방학을 맞아 수학 공부 계획을 세울 때도 이 그래프를 먼저 떠올리고 생각한다면, 하루나 일주일의 적정 학습량을 정할 때 너무 많거나 너무 적지 않게 합리적으로 정할 수 있습니다. 그래야 초반에 잔뜩 무리해서 나가떨어지는 일도, 언젠가는 잘하겠지 하면서 마냥 손을 놓았다가 영영 회복 불가능한 상태가 되는 일도 방지할 수 있습니다.

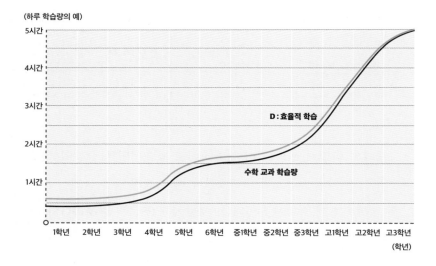

　지금까지 살펴본 내용을 바탕으로 아이가 수학 공부를 길게 잘하도록 이끌어 주는 부모가 되기 위한 지도법을 정리하면 다음과 같습니다.

첫째, 내 아이의 자율성 인정하기

둘째, 민감하게 내 아이의 성향 파악하기

셋째, 유연하고 개방적인 태도로 수학 학습법이 다양할 수 있음을
받아들이기

넷째, 수학에 대한 비합리적 불안에서 벗어나기

아이가 문제를 잘못 풀어서 틀리면 "문제를 찬찬히 읽어야지. 대충 읽으니까 실수하잖아?"라며 아이를 탓하거나, "문장 이해를 못하네. 이해가 안 되니?" 하면서 초조해하거나, "무슨 문제가 이래? 아이들 골탕 먹이려고 작정했군." 하면서 화를 내는 대신 아이의 마음으로 보는 유연한 자세가 필요합니다.

아이는 이해력이 떨어져서 문제를 틀린 것이 아니고, 성격이 급하거나 주의가 산만해서도 아니며, 이런 문제를 많이 풀어 보지 않아서 틀린 것도 아닌, 아직 덜 자라서 그런 거라고 생각해 주세요. 부모가 내 아이의 성향을 잘 파악하고, 그에 맞는 수학 학습법을 유연하게 받아들여 적용하면서 아이를 믿고 지지한다면, 아이는 스스로 학습력을 키우며 12년 수학 공부를 멋지게 해낼 것입니다.

부록

엄마들의
수학 고민

즉문즉답 40

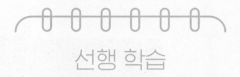

선행 학습

Q1. 선행 학습이나 심화 학습은 어느 정도까지 해야 될까요?

A. 아이마다 개인차가 있기 때문에 선행 학습 진도를 일률적으로 정할 수는 없습니다. 일단 한번 배우고 나면 호기심이 뚝 떨어지는 아이일 경우 선행 학습을 안 하는 게 좋고, 아이가 낯선 것을 두려워하는 유형이라면 한 학기 정도 예습이 좋습니다. 복습 차원에서 좀 더 어려운 문제를 풀어 보는 심화 학습에서는 정답률이 70퍼센트를 넘어서는지를 기준으로 판단하시기 바랍니다. 그 아래로 내려가면 지금 하는 심화 학습이 아이에게 지나치게 어렵기 때문에 그다지 학습 효과가 없습니다.

덧붙여 말씀드리자면, 저는 선행 학습에 반대하는 입장입니다. 수학이 사고력을 키우는 과목이라면 왜 선행 학습을 하는 걸까요? 사고력은 지금 배우는 교과 진도 안에서도 충분히 키울 수 있습니다. 수학은 선행 학습을 안 하면 큰일이라고 생각하는 분이 많은데, 지금까지 30여 년간 수학 교육과 관련된 일을 하면서 지켜본 제 경험에 따르면, 선행 학습을 안 해서 수학을 포기한 학생들 수보다는 선행 학습을 하는 과정에서 수학을 포기한 학생들 수가 훨씬 많았습니다.

사고력 수학

Q2. 초등 2학년 아이가 사고력 학원을 힘들어해요

A. 수학 사고력 학원 중에는 놀이와 교구 활동 중심으로 수업을 하는 곳도 있고, 복잡한 문장제를 읽고 쓰게 하는 곳도 있습니다. 저학년인데 가르기나 모으기 활동 없이 바로 기호를 사용해서 더하기 빼기를 했다면 이해하기 힘들 수도 있습니다.

아직 2학년이니 교구를 사용해 또래들과 함께 조작 활동을 하는 사고력 학원에서 놀이식 수업을 받는 것은 어떨까 싶습니다. 반대로, 아이가 조작 활동을 싫어하는데 교구를 가지고 게임을 하는 학원이라면 힘들어할 수도 있습니다. 사고력 학원이라도 스타일이 다양하므로 아이의 성향에 맞는 곳을 선택하는 게 좋습니다.

Q3. 사고력 수학을 꼭 시키는 게 좋을까요?

A. 수학을 '교과 수학'과 '사고력 수학'으로 나누어서 생각하는 분이 많습니다. 고등학교 수학을 '내신 수학'과 '수능 수학'으로 구분하기도 하고요. 교과 수학이나 내신 수학은 교과서에 있는 평범한 문제를 다루고, 사고력

수학이나 수능 수학은 다소 창의적인 문제를 다룬다고 알려져 있습니다.

저는 일단 교과 수학이 우선이라고 봅니다. 교과 수학에 흥미를 느끼지 못하지만 사고력 수학이라고 불리는 학습에 관심을 보이는 아이들에게는 권해도 좋겠지요. 무엇보다 아이가 흥미를 보이는지 살펴보시기 바랍니다. 아이가 관심을 가지면 사고력 수학을 시켜도 좋습니다. 만약 사고력 교재를 직접 가르치기 힘들어서 학원을 보내고 있는데 경제적으로도 다소 부담되는 상황이라면 무리하지는 않으셨으면 합니다.

한마디로, 아이가 관심 있어 하고 학원비가 부담되지 않는다면 시켜도 좋겠지만 사고력 수학을 꼭 해야 하는 것은 아니라고 봅니다.

서술형 문제

Q4. 수학 서술형 쓰기를 너무 싫어해요

A. 아이가 초등 1, 2학년이면 아직은 서술형 문제를 풀지 않아도 됩니다. 그럼에도 기초부터 꼼꼼히 해야 한다며 2학년 아이에게 문제마다 풀이 과정을 쓰게 하는 분도 있는데, 이는 쓰기를 너무 좋아하는 몇몇 아이를 제외하고 다수의 아이들을 수학으로부터 도망치게 하는 방법입니다.

3, 4학년이라면 문제를 말로 설명하게 하고 나서 말한 그대로 옮겨 쓰라고 해 주세요. 풀이 과정을 먼저 입으로 말하게 하고, "방금 네가 말한 것을 그대로 써 봐."라고 하는 것입니다. 서술형 문제도 아닌데 모든 문제마다 풀이 과정을 서술하게 하면 아이는 쓰기를 지긋지긋해할 것입니다.

5학년 이상인데 서술형 쓰기를 너무 싫어한다면, 서술형 문제의 양을 줄여서 몇 개만 풀게 해 주세요. 서술형 문제집에 있는 모든 문제를 풀게 하는 게 아니라 솎아서 풀게 하면 아무래도 부담이 덜어집니다. 서술형 문제에 대한 부정적인 생각도 줄어들고요.

문제집에 있는 문제를 다 풀어야 한다고 생각하지 마세요. 아이가 문제 풀 기분이 나야 문제에 집중할 수 있습니다.

Q5. 답은 맞았는데 풀이 과정을 틀려요

A. 아이가 답을 맞혔다면 풀이 과정이 답지와 달라도 일단 그냥 넘어가세요. 이번 문제는 답이 맞았으니까 풀이 과정 틀린 것은 그냥 넘어가고, 다음에 비슷한 문제에서 또 답은 맞았는데 풀이 과정이 틀렸다면 그때는 풀이 과정을 자세히 들여다보세요.

답과 풀이 과정을 한꺼번에 완벽하게 하기를 요구하지 않으셨으면 좋겠습니다. 문제의 풀이 과정이 한 가지만 있는 게 아니라서 아이가 쓴 풀이 과정이 교재에 나와 있는 것과 다를 수 있기 때문입니다. 풀이 과정 하나하나까지 빈틈없이 맞아야 한다는 것은 일종의 강박일 수 있습니다.

처음부터 풀이 과정도 완벽하게 쓰고 답도 완벽하게 구하는 습관을 들이려고 아이에게 "풀이 과정도 똑바로 써."라고 한다면, 아이는 일찍부터 수학에 확 질려 버릴 수 있습니다. 저학년 수학에 대해서만큼은 부디 여유 있고 느슨하게 생각하시기를 바랍니다.

Q6. 서술형 문제에서 감점을 당하지 않으려면 어떻게 해야 하나요?

A. 서술형 문제에는 '채점 기준표'가 있습니다. 채점 기준표에는 두 가지 유형이 있는데, '총체적 채점 기준표'와 '요소별 채점 기준표'입니다.

풀이 과정 전체가 맞았으면 100퍼센트, 중간에 조건이 한 개 빠졌으면 70퍼센트, 중간에 풀다 말았으면 50퍼센트, 손을 못 댔으면 0퍼센트 등 풀이의 완성도를 기준으로 하는 것을 총체적 채점 기준표라고 합니다. 요소별 채점 기준표(또는 분석적 채점 기준표)는 풀이 과정에 꼭 들어가야 할 내용이 있는지 없는지를 기준으로 합니다. 문제집에 채점 기준표가 있다면 이를 참고해서 지도해 주세요.

평소 아이가 서술형 문제를 풀 때 다음과 같은 순서로 하도록 권합니다. 첫째, 교과서나 문제집에 제시되어 있는 서술형 문제를 먼저 '혼자' 풀어 본다. 둘째, 교과서에 있는 풀이 과정과 자신의 풀이 과정을 '비교'해 보고 틀린 곳이 무엇인지 살펴본다. 셋째, 일주일 뒤 그 문제를 다시 풀어 보면서 자신의 풀이가 '개선'되었는지 확인한다.

Q7. 독서를 많이 하면 수학 서술형 문제를 잘 풀게 되나요?

A. 단지 책을 많이 읽는다고 해서 서술형 문제를 잘 이해하고 잘 풀 수 있다고 보기는 어렵습니다. 예를 들어, '어떤 수에 72를 곱해야 할 것을 잘못해서 더했더니 140이 되었다. 바르게 계산한 값은 얼마인가?'라는 수학 문제를 한번 보겠습니다. 문제는 '애초에 어떤 수가 있다.'는 것을 전제로 하고 있지만, 그것이 생략되어 있습니다. 이 문장에서 생략된 것을 살려서 다시 쓰면, '어떤 수 A가 있다. A에다 72를 곱하려고 했다. 그런데 실수로 A에다 72를 더하는 바람에 140이 나왔다. 만약 제대로 계산했다면 얼마가 나왔을까?'입니다.

수학 문제 서술은 국어와 다른 방식으로 서술하는 경향이 있습니다. 따라서 책을 많이 읽는 것과는 별도로 수학 특유의 서술 방식에 유의하는 것이 중요합니다.

Q8. 수학 동화책은 어떤 것을 읽히는 게 좋을까요?

A. 아이들마다 좋아하는 장르가 다르므로 아이가 좋아하는 장르의 수학 동화책을 고르면 됩니다.

초등 고학년들을 대상으로 한 연구에 따르면, 스토리텔링 수학에서 다루는 이야기의 수준이나 소재에 따라 아이들의 반응이 달랐습니다. 판타지에도 높은 수준과 낮은 수준이 있고, 생활 이야기에도 높은 수준과 낮은 수준이 있습니다. 어떤 아이들은 높은 수준의 판타지에 대해 "이런 일들이 실제로 일어날까 하는 생각이 들어서 이야기에 집중하지 못했어요. 이야기가 거슬려서 안 읽고 숫자에만 집중했어요."라고 했고, 다른 아이는 "이야기를 읽으면서 너무 웃기고 재밌었어요." 하면서 동화와 연결되어 나오는 수학 문제에도 흥미를 나타냈습니다.

초등학교 아이라고 해서 모두 다 판타지를 좋아하거나 모두 다 생활 이야기를 좋아하는 것은 아닙니다. 수학적 흥미를 높여 주기 위해 수학 동화책을 고를 때는 먼저 내 아이가 어떤 스타일의 이야기를 선호하는지 잘 파악해 주세요.

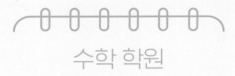

수학 학원

ⓠ9。 학원에 가고 싶은 건지 아닌지 알 수가 없어요

Ⓐ。 아이에게 "학원에 보내 줄까?" 하고 물어도 대답이 없거나 "몰라요." 하면서 별다른 표현이 없다면, 긍정인 경우가 많았습니다. 아이가 정말 가기 싫었다면 가만히 있지는 않을 것이기 때문입니다.

평소 소극적인 아이가 잘 모르겠다고 대답하는 경우에는 아이 본인도 오락가락 갈등하는 중일 수 있습니다. 아이가 만약 지나가는 말처럼 "우리

반 ○○는 학원에 다닌대요."라고 했다면 아이도 학원에 관심이 있다는 뜻입니다. 평소 학원이나 과외에 대해 아이가 하는 표현들을 귀담아들으면서 아이의 진짜 속마음을 살펴 주시기 바랍니다.

Q10. 학원을 선택할 때 무엇을 기준으로 하는 게 좋을까요?

A. 내 아이가 그 학원에 들어갈 수 있는지, 그 학원 교재를 풀 수 있는지를 중심으로 생각하지 마세요. 내 아이를 기준으로 그 학원이 적당한지, 교재가 적절한지를 판단하시기 바랍니다. 유행하는 심화 교재를 사용한다는 이유로 학원을 선택하는 것은 교재를 기준으로 놓고 아이를 판단하는 것입니다. 항상 내 아이를 기준으로 생각해 보시기 바랍니다.

수학 문제집

Q11. 문제집은 어떻게 골라야 할까요?

A. 서점에 가서 문제집을 고를 때는 자신이 가장 잘 알고 있는 한 단원을 먼저 정합니다. 그 다음 여러 개의 문제집를 골라 그 단원을 펼쳐 놓고 비

교합니다. 개념 설명이나 문제 유형을 하나하나 비교하고, 해설지의 설명도 비교해 보면 차이가 드러납니다.

문제집 두 권을 고르고자 한다면 스타일이 서로 다른 게 좋습니다. 한 권은 개념 중심으로 다른 한 권은 유형 중심으로, 또는 한 권은 기본형으로 다른 한 권은 응용형으로 문제집 출판사를 다르게 하면 다양한 스타일의 교재를 고를 수 있습니다.

Q12. 초등 아이에게 교재를 직접 고르라고 해도 되나요?

A. 물론 됩니다. 그리고 그렇게 해야 합니다. 그런데 "아이에게 문제집을 고르라고 했더니 순 만화만 있는 것으로 골랐어요.", "아이에게 선택하라고 했더니 너무 쉬운 문제집을 골랐어요." 하면서 걱정하는 분들도 있습니다.

아이가 문제집을 잘못 고를 수도 있습니다. 하지만 이는 필요한 시행착오이고 실패는 지나가는 하나의 과정일 뿐입니다. 옷도 입어 본 사람이 잘 입는다고, 문제집을 직접 골라 본 아이가 나중에도 잘 고를 수 있습니다. 고등학교에 가서 스스로 문제집을 잘 선택하게 하려면 초등학교 때부터 스스로 골라 보는 경험이 꼭 필요합니다.

Q13. 문제집은 어떤 순서로 푸는 게 좋을까요?

A. 문제집 세 권을 풀 때, 한 단원에 대해 세 권을 돌아가면서 푸는 방법이 있습니다. 즉, 'A 문제집 1단원→B 문제집 1단원→C 문제집 1단원' 하

는 식인데, 이는 반복 학습을 좋아하는 아이에게 적절한 방법입니다.

문제집을 풀 때 점점 어려워지는 순서로, 즉 '기초 문제집→응용 문제집→심화 문제집' 순서로 풀게 하는 분이 많습니다. 그런데 이 순서를 거꾸로 하는 방법도 있습니다. 점점 어려워지는 게 아니라 점점 쉬워지는 순서로 하는 것입니다. 예를 들면, 난이도가 다른 세 개의 교재를 가지고 번갈아가면서 풀게 하는데, 처음에는 가장 어려운 C 문제집의 한 단원 전체를 풀게 합니다. 그 다음에는 B 문제집의 같은 단원을 푸는데 C 문제집에서 풀었던 문제는 건너뛰고 안 풀었던 문제들만 골라서 풉니다. 그 다음 A 문제집은 쉬워서 단번에 짧게 훑을 수 있습니다. 이렇게 하면 한 단원이 한번에 요약됩니다. 또한 난이도가 쉬워지기 때문에 문제집을 풀수록 점점 부담이 적어집니다.

Q14. 수학 문제 풀 때 해답지를 보게 해도 되나요?

A. 답지는 훌륭한 선생님이지만 아이의 성향에 따라 다릅니다. 아이가 자율형이고 숙달 지향형이라면 답지를 보게 해도 좋습니다. 스스로 더 나아지기 위해서 훌륭한 선생님을 옆에 두고 배우는 것과 같기 때문입니다.

하지만 아이가 아직은 타율형이고 점수 지향형이라면 답지를 보게 하지 않는 게 좋습니다. 점수에만 연연해하는 아이라면 더욱 보여 주지 말아야 합니다. 수학에 관심이 없고 숙제를 빨리 끝내고 싶은 마음만 가득한 상태라면 답지가 옆에 있는 것은 전혀 도움이 되지 않습니다.

Q15. 학기 중 문제집을 활용한 학습 방법이 궁금해요

A. 학기 중 학습 방법도 아이의 스타일에 따라 다릅니다. 아이가 집중력이 있고 수학을 잘하는 편이라면 방학 때 예습한 단원에 대해 심화 학습을 하는 게 좋습니다. 이때 학교 진도를 나가는 문제집 한 권과 심화용 문제집 한 권을 병행해서 풀 수 있습니다.

한편, 아이가 익숙함 지향형이라면 개학하면서부터는 다시 학교 진도에 맞는 교재 한두 권을 푸는 게 좋습니다. 선행 학습 진도만 계속 나가게 되면 학교에서 배우는 진도와 달라서 아이가 혼란스러워하기 때문입니다.

시간 관리

Q16. 수학 문제를 푸는 데 너무 시간이 오래 걸려요

A. 마음이 불안해서 시간이 오래 걸리는 아이도 있습니다. 시간에 대한 압박은 위기 상황에서 그 위기를 강화시키는데, 빨리 해야겠다는 마음에 서두르다 보면 시간이 더 부족하게 느껴져서 불안해지므로 아이는 안정을 찾기 위해 오히려 느리게 행동하게 된다는 것입니다.

아이가 생각이 많아서 오래 걸릴 수도 있습니다. 방법이 뭘까 하고 찬찬히 생각하는 중인 것입니다. 단지 느리다고만 생각하지 말고 아이가 좀 더 깊이 생각하는 중이어서 시간이 걸리는 건 아닌지 살펴보고, 그런 경우에는 진득하게 기다려 주세요.

매일 30분씩 수학 공부를 한다는 식으로 양이 아니라 시간으로 정해 준 경우, 아이가 시간을 채우며 천천히 풀 수도 있습니다. 이런 경우라면 시간이 아니라 '하루 2쪽' 하는 식으로 양을 정해 주세요.

Q17. 문제 풀 때 시간을 재는 게 도움이 될까요?

A. 시간을 재면서 문제 푸는 것은 입시생이 실전 연습할 때 하는 방법입니다. 고3 수험생의 방법이라는 것입니다. 아이가 먼저 "제가 몇 분 만에 문제를 푸는지 기록을 재고 싶어요."라고 한다면 모를까, 엄마가 먼저 시계를 들지는 마셨으면 좋겠습니다.

초등학생에게 시간을 재며 문제를 풀게 하는 것은 대부분의 아이들에게 적합한 방법이 아닙니다. 오히려 마음을 초조하고 불안하게 만듭니다. 시간에 쫓기는데 복잡한 계산을 해야 할 때, 심리적으로 불안한 상태라면 아이는 문제 풀기를 포기하고 맙니다. 학창 시절에 느꼈던 시간에 대한 압박이 수학 불안의 원인이 되었다고 회상하는 사람도 많습니다.

시간을 재면서 공부하는 것은 초등학생이 아니라 중·고등학생들의 공부법입니다. 최소한 중학생 이후의 아이들에게 적용해 보시기를 권합니다.

Q18. 대충대충 빨리 풀려고만 해요

A. 제한된 시간 안에 자신이 할 수 있는 것보다 더 많은 문제를 풀어야 할 때 아이들은 고민합니다. '양을 좀 덜하더라도 완벽하게 풀까? 아니면 실수가 생기더라도 문제를 많이 풀까?' 하면서 내적 갈등에 빠지는 것이지요.

하버드대 심리학자 케이건(Shelly Kagan) 교수의 '충동성 대 사려성' 연구에 따르면, 충동적인 사람과 사려 깊은 사람은 실수에 관한 한 큰 차이를 보입니다. 즉, 충동적인 사람은 일은 많이 하지만 실수가 많은 반면, 사려 깊은 사람은 일을 적게 하더라도 실수가 많지 않습니다. 같은 맥락에서 충동적인 아이는 사려 깊은 아이에 비해 읽기에서 더 많은 실수를 하고, 나열된 숫자를 기억하는 테스트에서 오류를 범할 가능성이 더 높습니다. 또한 충동적인 아이는 자신의 수행에 대한 기준이 낮고 실수에 대해 별로 걱정하지 않으며 실패할까 봐 피하지도 않습니다.

아이가 대충대충 빨리 풀려고 하는 것은 충동적인 성향을 가지고 있기 때문입니다. 만약 계산 연습을 할 때 초시계로 시간 재기를 했다면, 충동적인 성향이 더 강화되었을 수 있습니다. 아이가 빨리 풀려고만 한다면 수학 과제를 내 줄 때 속도보다는 정확도를 기준으로 내 주세요. 예를 들어 하루 2쪽을 푸는데 "다 맞히면 내일 과제는 없다."고 하는 것입니다. 빨리 풀어서 틀리고 다시 푸는 것보다는 이왕 푸는 거 한 번에 다 맞히면 다음 날 과제가 없으니 아이에게는 이득입니다.

Q19. 모르는 문제가 나오면 무조건 별표를 하고 그냥 넘어가요

A. 중요한 문제에 별표를 치는 아이가 있고, 모르는 문제에 별표를 치는 아이가 있습니다. 별표를 친 문제에 대해서는 당장 시간을 들여서 풀지 않아도 되니 홀가분한 마음이 들기도 합니다. 중요하고 어렵다고 생각되는 문제다 보니 '이건 모르는 문제니까 내 책임이 아니야.'라고 생각하는 것입니다.

아이가 저학년이라면 그냥 넘어가도 되겠지만, 5학년 이상이라면 "별표 치지 말고 다시 한 번 풀어 볼래?"라고 이야기해 주세요. 풀어야 할 문제에 대해 끝까지 책임지는 마음을 갖도록 하려는 것입니다.

Q20. 채점은 아이 스스로 하는 게 좋을까요?

A. 아이 성향에 따라 다릅니다. 아이가 공부 욕심이 많고 자율적인 편이라면 스스로 채점해도 됩니다. 굳이 시간을 들여서 채점까지 하려는 아이는 학습 의지와 완성도가 높은 편입니다. 문제를 풀고 스스로 채점해서 오답까지 정리하면 자기 관리 능력도 그만큼 성장한다는 점에서 긍정적입니다.

하지만 아이가 수학 공부보다는 수학 점수에 연연해한다면 채점은 엄마나 선생님이 해 주시는 게 좋습니다.

오답 노트

Q21. 초등 2학년인데 오답 노트 쓰기를 너무 싫어해요

A. 오답 노트를 작성해서 오류의 원인을 찾고 고쳐 나가는 것은 고등학생들에게나 적합한 학습법입니다. 아이의 실수를 잡겠다며 초등 저학년 아이에게 오답 노트를 쓰게 하는 분이 매우 많은데, 아직 어린아이들은 매우 싫어하고 거부감을 갖습니다.

게다가 요즘에는 글씨 쓰는 것 자체를 싫어하는 아이가 많습니다. 쓰는 데 시간이 걸려 서술형 답안 쓰기도 싫어하는 아이들에게 문제마다 오답 노트를 쓰게 하는 것은 지나칩니다. 초등 저학년 아이에게 수학 오답 노트를 시키지는 마시기 바랍니다.

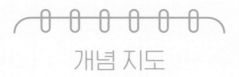

개념 지도

Q22. 자릿값 개념을 잘 가르치는 효과적인 방법이 있을까요?

A. 자릿값은 숫자가 있는 위치에 따라 정해지는 값입니다. 같은 1이라도 일의 자리에 있으면 '일'이고 백의 자리 있으면 '백'이라는 것이지요. 자릿 값 개념을 이해하는 데 좋은 교구는 칸이 나뉘어 있는 국어 공책입니다. 자연수 덧셈, 뺄셈, 곱셈, 나눗셈을 할 때 그냥 연습장에 쓰는 것보다는 칸이 있는 공책의 각 칸에 숫자를 하나씩 써서 계산하면 자릿값을 정확히 쓸 수 있어서 좋습니다. 또한 소수 계산을 할 때도 효과적입니다.

Q23. 받아내림이 있는 뺄셈을 많이 틀려요

A. 뺄셈 문제를 틀리는 이유를 먼저 살펴보아야 합니다. 단지 하기 싫어 아무렇게나 해서 그런 건지, 집중이 안 돼서 그런 건지, 받아올림 원리를 아직 확실히 몰라서 그런 건지를 먼저 파악해야 합니다.

컨디션이 안 좋아서 생긴 '일시적인' 오류라면 다음에 다시 하면 됩니다. 하지만 만약 받아내림의 원리를 잘 몰라서 실수를 반복하는 '체계적인' 오류라면, 원리를 확실히 알 수 있게 해야 합니다. 받아내림의 기본 원리는 십진법 체계와 자릿값인데, 3학년 중에는 이런 원리를 아직 확실히 이해하고 있지 않아서 0이 들어간 받아내림을 틀리는 아이가 많습니다. 교과서에 나오는 화폐 모형이나 십진 블록 등을 이용해서 뺄셈의 원리를 찬찬히 다시 설명해 주세요. 원리를 잘 몰라서 생기는 체계적인 오류인 경우는 문제를 무조건 많이 풀게 한다고 해서 고쳐지지 않습니다. 교구로 설명하기가 번거롭다며 그냥 문제를 다시 풀게 하는 분이 많은데, 다시 풀기 100번보다는 교구로 과정을 한 번이라도 확인하는 게 훨씬 효과적입니다.

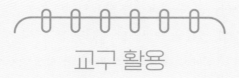

교구 활용

Q24. 연산 교구에는 어떤 것이 있나요?

A. 학교 수업 시간에도 사용하는 가장 대표적인 연산 교구는 십진 블록입니다. 십진 블록은 백 모형, 십 모형, 일 모형으로 구성되어 있어서 십진법에 따른 연산 학습에 도움이 됩니다.

제가 추천하는 연산 교구는 모형 화폐입니다. 화폐는 십진법을 사용하고 있고, 1원짜리 10개를 10원짜리 1개와 바꿀 수 있고 10원을 1원짜리 10개로 바꾸는 것이 가능해서 받아올림과 받아내림 과정을 이해하는 데 도움이 됩니다.

예를 들어 '576-389'라고 하면, 모형 동전으로 100원짜리 5개, 10원짜리 7개, 1원짜리 6개를 준비합니다. 여기서 389원을 빼야 하는데, 1원 짜리 6개에서 9개를 뺄 수가 없으니까 70원 중에서 10원을 1원짜리 10개로 바꿉니다. 그러면 1원짜리 16개에서 9개를 뺄 수 있습니다.

Q25. 수학 교구 학습은 꼭 해야 하나요?

A. 교구 수학을 꼭 해야 하느냐는 질문에는 "수학에서 꼭 해야 하는 것은 없습니다."라고 답하겠습니다. 오히려 수학 교구 수업의 부작용도 많습니다. "수학 교구로 배울 때는 잘했는데 교구를 치우고 문제집을 풀 때는 도루묵이 되어 버려요."라는 교사도 많습니다.

아이가 좋아하고 비용에 큰 무리가 없으면 시키셔도 좋을 것 같습니다. 하지만 아이가 귀찮아하고 경제적으로 부담이 되는 경우라면 굳이 교구 수학을 할 필요는 없다고 생각합니다.

Q26. 수학 문제 풀 때 계산기를 사용해도 되나요?

A. 중학교 수학에서는 통계 단원에서 계산기를 쓰게 하기도 합니다. 계산 자체가 주목적이 아닌 데다 데이터가 너무 복잡한 경우에는 계산기로 계산하는 게 효율적이기 때문입니다. 그런데 사칙 연산의 원리를 습득하는 게 목적인 단계에서는 계산기를 사용하지 말아야겠지요. 앞으로는 필요한

영역에 따라 계산기를 사용하는 쪽으로 교육 과정이 개정될 가능성도 있어 보입니다.

Q27. 연산 학습지는 언제 시키는 게 좋을까요?

A. 연산 학습지를 취학 전이나 초등 1, 2학년 때 시키는 분이 많습니다. 이때 하는 학습지는 주로 자연수 사칙 연산 연습 위주입니다. 아직 어린아이는 계산 연습의 필요성을 인식하지 못하기에 학습 동기가 없습니다. 그리고 예를 들어 7세 정도의 아이가 연산 학습지를 한다면, 분수와 소수의 연산까지 나아가지 못하고 그만두게 되는 경우가 매우 많습니다. 정작 계산을 많이 해야 하는 시기에 충분히 연습하지 않고, 제대로 연습이 안 된 상태에서 중학교에 진학하고 있는 것입니다.

제가 추천하는 시기는 5학년입니다. 이쯤 되면 아이들이 계산력의 필요성을 느낄 것이고, 계산이 느린 아이는 약간의 위기의식 같은 것도 생깁니다. 저학년 때보다 체력도 좋아져서 30분 이상 집중할 수 있습니다. 그러면 계산 실력에 자신감을 갖고 중학교에 올라갈 수 있습니다. 연산 학습지를 통해서 5, 6학년 과정에 나오는 초등 과정의 분수와 소수 혼합 계산을 충분히 연습하게 해 주세요.

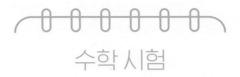

수학 시험

Q28。 평소엔 잘하다가 막상 시험을 보면 성적이 안 나와요

A。 시험 부담이 심한 아이들의 전형적인 모습입니다. 아이가 평소에 다소 걱정이 많은 편이라면 시험 불안이 심할 것입니다. 이번 시험에서 평소보다 점수가 잘 안 나왔다면, 다음 시험 때는 시험 보기 전에 "잘 보기 바란다. 파이팅!" 같은 말은 삼가 주세요. "걱정 마. 열심히 준비했으니 잘 볼 거야."와 같은 말도 하지 않는 게 좋습니다. 그냥 "사랑해."라는 한마디나 살짝 안아 주면서 등을 토닥여 주시기 바랍니다.

Q29。 수학 시험에서 꼭 1개를 틀려서 속상해요

A。 아이가 더 속상합니다. 아이의 마음을 먼저 어루만져 주세요. 부모가 속이 상하는 이유는 아이가 전혀 모르는 문제도 아닌데 번번이 만점을 받지 못하고 꼭 1개를 틀리기 때문일 것입니다. 이런 모습이 몇 번 반복되면 '이렇게 습관이 들면 중요한 시험에서도 이러는 거 아닐까?' 하는 불길한 기분이 듭니다.

하지만 그렇지 않습니다. 일단 틀리는 그 한 문제가 무엇인지 먼저 분석해 주세요. 그렇다고 아이를 책상에 앉혀 놓고는 그 문제를 확실히 뿌리 뽑겠다고 작정하지는 마세요. 그렇게 해서 문제가 해결되지 않습니다. 그 다음 마음을 편하게 해 주세요. 여러 개가 아니라 1문제를 틀리는 데는 정서적 이유인 경우가 많습니다. 몰라서가 아니라 마음이 긴장해서 틀린다는 것입니다. 무엇보다 아이가 수학에 대해 편안하게 생각할 수 있도록 해 주셔야 합니다. 그래야 안정된 마음으로 문제를 다 맞힐 수 있습니다.

Q30. 저학년인데 단원 평가 준비를 안 해도 될까요?

A. 단원 평가 준비는 시키지 마세요. 미리 공부시키면 아이의 평소 실력을 알 수 없습니다. 시험 준비 안 하고 그대로 시험 봤을 때 받은 점수가 아이의 기본 실력입니다. 시험 준비 없이 시험을 봤는데 아이가 90점을 받았다면 그 단원에 대한 아이의 바닥 점수는 90점이고, 60점을 받았다면 아이의 바닥 점수는 60점입니다. 바닥 점수가 몇 점인지를 알아야 아이의 기본적인 성취 정도를 파악할 수 있습니다.

"한 번도 시험공부를 미리 안 한 적이 없는데 이번에는 사정이 생겨서 아이가 시험 준비를 못 했어요. 과연 몇 점이 나올지 가늠이 안 돼요." 하는 분이 있습니다. 매번 시험공부를 시켰기에 아이의 바닥 점수를 모르고 있는 것입니다. 아이의 평소 바닥 점수를 안다면, '우리 아이는 공부 안 해도 80점은 나와.'라고 가늠할 수 있습니다.

시험 준비를 안 하고 봐도 되는 시기는 초등학교 때뿐입니다. 중학교나 고등학교에 올라가서 아이의 바닥 점수를 알겠다고 시험 준비를 일부러

안 시키고 시험을 보게 할 수는 없습니다. 아이의 진짜 실력을 알고 싶다면 단원 평가 준비를 미리 시키지 마세요. 공부는 시험을 보고 나서 부족한 부분을 보충하도록 지도하면 됩니다.

동기 부여

Q31. 아이가 수학에 욕심이 없고 노력하는 모습도 안 보여요

A. 아이가 수학을 잘하고 싶은 마음이 없는 게 아니라, 엄마가 못 보는 것은 아닐까요? 어른들 중 완벽주의 성향을 가진 분은 아이의 학습 태도를 부정적으로 보는 경향이 있습니다. 아이가 성취욕도 없고 열심히 하지 않는다는 것입니다. 담임 선생님은 "아이가 뭐든지 완벽하게 하려는 성향이 있어 보여요."라고 말하지만, 엄마는 "아닌데요…. 우리 아이는 뭐든지 대충이에요."라고 말합니다. 엄마 자신이 다른 사람들에게 완벽을 요구하는 '타인 지향 완벽주의' 성향이기 때문입니다.

제가 만난 아이들은 대부분 "저도 욕심 있어요. 수학을 잘하고 싶어요."라고 했습니다. 어른들은 '열심히 하는 아이의 모습', '욕심이 있는 아이의 모습'에 대한 기준을 가지고 있습니다. 책에 코를 박고 있다거나, 한번 책상에 앉으면 누가 불러도 모를 정도로 집중하는 등의 모습입니다. 이런 모습이 아니면 욕심도 없고 노력도 안 하는 것으로 보는데, 아이들은 억울합니다.

　모든 아이가 공부 욕심을 갖고 태어나는 것은 아닙니다. 학습 동기가 있어야 공부 욕심도 생깁니다. 학습 동기는 자라는 동안 생기는 것이지 태어나면서부터 갖고 있는 것은 아닙니다. 공부를 시작했지만 공부 욕심이 생기기까지는 몇 년이 걸릴 수도 있습니다. "왜 넌 공부 욕심이 없니?" 하면서 조급하게 타박하지 말고 기다려 주세요.

Q32。 어떻게 하면 수학에 흥미를 갖게 할까요?

A。 흥미를 느끼는 대상이나 흥미를 느끼는 방법은 저마다 다릅니다. 제가 상담한 5학년 남자아이는 동화책이나 교구보다 수학 문제집 푸는 게 더 재미있다고 했습니다.

　동화책이나 교구를 활용해야 수학적 흥미가 생길 거라는 생각에 엄마가 열심히 교구 수학 자격증을 땄는데 아이가 심드렁해하는 경우도 있었습니다. 아이는 "교구보다는 독서 모임이 더 재미있어요."라고 했습니다. '모든' 아이가 수학을 좋아할 만한 '한 가지' 방법은 없습니다. 엄마 혼자 단정하지 말고 아이가 무엇에 흥미가 있는지 먼저 알아본 다음 수학과 연결하기 바랍니다.

자녀 지도

Q33. 아이에게 수학을 가르칠 때마다 화를 참지 못하겠어요

A. 국어나 영어보다 수학을 가르칠 때 화를 더 내게 된다는 분이 많습니다. 하지만 아이에게 직접적으로 화를 내서는 안 될뿐더러, 화가 난 표정이나 말투 등도 좋지 않습니다. 화를 내는 사람 앞에서 공부하는 아이는 무섭고 마음이 위축됩니다. 긴장한 상태에서 공부를 한다면 수학 내용이 머리에 들어오지 않습니다.

화난 상태로 가르치는 어른들 때문에 아이들이 수학에서 도망치고 있습니다. 화가 날 때는 잠깐 나가서 바람을 쐬고 진정시킨 다음에 아이와 마주하시기 바랍니다.

Q34. 아이 성향이 뭔지 잘 모르겠어요

A. 아이를 잘 관찰해 보세요. 엄마는 "우리 아이는 방보다는 확 트인 거실에서 공부하는 것을 좋아해요."라고 했는데, 아이에게 물어보니 "아무래도 제 방에서 공부하는 게 좋죠. 근데 에어컨이 거실에 있어서 거실에서 공부해요."라고 했습니다. 엄마는 "우리 아이는 수학 동화책 읽기를 좋아해

요."라고 했는데, 아이에게 물어보니 "저는 판타지를 좋아해요. 수학 동화 책은 뭐를 읽었는지 기억이 안 나요."라고 했습니다. 엄마는 "제가 수학을 잘 못 가르쳐서… 아무래도 아이가 학원에 가고 싶어 하는 것 같아요."라고 했는데, 아이는 "엄마한테 배우고 싶어요. 우리 엄마, 굉장히 잘 가르쳐요!"라고 했습니다.

엄마라면 내 아이에 대해 모든 것을 꿰뚫고 있을 것 같은데 그렇지 않은 경우가 많습니다. 아이의 성향은 하루아침에 만들어지는 것이 아닙니다. 평소 꾸준히 아이를 관찰하면서 아이가 하는 말과 표정을 잘 살펴보시기 바랍니다. 그러면 어떤 성향인지 조금씩 보입니다.

Q35. 두 아이 성향이 너무 달라요

A. 아이들 각자의 성향에게 맞추세요. "공부할 때 보면 두 아이가 어쩜 그렇게 정반대인지 몰라요." 하는 분이 많습니다. 첫째는 대충대충 슬렁슬렁하고 둘째는 빠릿빠릿 알아서 척척 하는 등 서로 정반대라는 것입니다.

형제들끼리 서로 비교를 하게 되는 이유는 나이만 조금 차이가 날 뿐, 부모도 같고 사는 공간도 똑같다는 등 환경이 같기 때문입니다. 멀리 동떨어져 있거나 사는 환경이 너무 차이가 난다면 아예 비교를 안 하는데, 비슷한 경우에는 비교를 많이 하게 된다고 해서 이를 '이웃 효과'라고 합니다. 사실 형제들끼리는 공통점이 많은데, 둘만 놓고 비교하다 보니 환경이 비슷하기 때문에 성격적으로 다른 점만 도드라지는 것이지요. 같은 교실, 같은 선생님에게서 배우는 아이들끼리도 이런 비교를 많이 합니다.

형제들을 비교해 보면, 부모 중 어느 한쪽과 성향이 비슷한 아이가 있고 그렇지 않은 아이가 있습니다. 자신과 성향이 다른 아이를 엄마는 '이해 불가'입니다. 작은아이가 엄마 마음에 들고 큰아이가 마음에 안 들 경우에는 큰아이의 성향을 이해하지 못해서 자주 야단을 칩니다. 내 방법이 맞고 안 맞고를 떠나 아이마다 성향이 다른 것을 인정해 주고, 되도록 각자에게 맞춰 주시기 바랍니다.

Q36. 아이가 너무 산만하고 집중력이 짧아요

A. 수학과 관련해서 아이가 집중력이 짧다는 고민을 하는 분이 매우 많습니다. 집중력은 모든 활동의 기본기가 되어 주는 것이고, 자신이 투자한 시간과 노력만큼의 결과 또한 집중을 얼마나 했느냐에 따라 결정된다고 생각하기 때문입니다.

일단 아이가 집중할 수 있는 환경을 만들어 주세요. 동생 때문에 시끄럽다고 하면 아이가 수학 공부를 할 때는 되도록 조용한 분위기를 만들어 주시면 도움이 됩니다. 방 안 인테리어도 단순하게 하는 게 좋고, 공부할 때 귀마개를 권한다든지 독서실 칸막이 책상을 활용하는 것이 집중력 향상에 도움이 되기도 합니다. 그런데 산만한 아이가 하루아침에 집중을 잘하는 아이로 변하지는 않습니다. 최소한 3개월 정도로 기간을 잡고 조용한 환경을 만들어 주세요.

한편, 산만해 보이는 이유는 그 아이가 예술형이기 때문일 수도 있습니다. 산만함이 장점일 수도 있으니 아이들의 성향을 잘 파악해서 지도해 주시기 바랍니다.

Q37. 중·고등학교 수학이 그렇게 어렵나요?

A. 중·고등학교 수학은 초등학교 수학에 비할 수 없을 정도로 어려울 거라고 미리 걱정부터 하시는데, 수학의 원리는 본질적으로 같습니다. 예를 들어 다음 세 문제가 있습니다. 각 문제는 몇 학년 문제일까요?

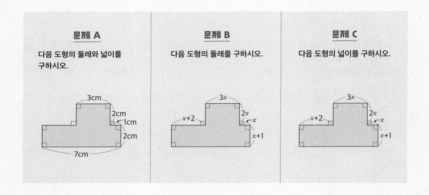

문제 A는 초등학교 5학년 수학 '도형의 둘레와 넓이'에 나오는 문제이고, 문제 B는 중1 수학의 '일차식의 연산'에 나오는 문제이며, 문제 C는 고등학교 1학년 '다항식의 연산'에 나오는 문제입니다. 세 문제는 문자냐 숫자냐의 차이만 있을 뿐, 둘레와 넓이를 구한다는 점에서 본질적으로는 같은 문제입니다.

5학년 때 도형의 둘레를 잘 못한 아이라고 해서 고1 때 문제를 풀지 못할 거라고 볼 수는 없습니다. 오히려 'cm'와 같은 단위가 없어서 고등학교 수학을 더 쉽게 느낄 수도 있습니다. 중·고등학교 수학이 초등학교 수학보다 어려울 것이라는 걱정을 너무 많이 하지 마세요.

Q38. 아이가 사춘기인 것 같아요

A. 사춘기에 접어든 아이와 갈등 관계에 있다면 갈등을 심화시키지 말고 아이를 기다려 주세요. 초조한 마음으로 갈등을 없애려고 해도 단기간에 안 될뿐더러 악화되기도 합니다. 사춘기 과정을 자연스럽게 생각하고 기다려 주세요.

Q39. 수학을 왜 배우냐고 물으면 뭐라고 대답할까요?

A. 아이들의 이런 질문에 "가게에서 물건 사려고."라고 대답하는 분이 많습니다. 생활하는 데 필요하기 때문이라는 것이죠. 그러면 "물건 살 때 계산기 쓰던데?" 하는 아이도 있습니다.

생활에서 필요하다는 이유로는 한계가 있습니다. 다른 과목도 마찬가지입니다. "그럼 국어는 왜 배워요? 말하기 듣기 쓰기 다 할 줄 알고, 그냥 글씨 쓰고 말하고 듣고 이런 것도 할 줄 아는데요. 왜 문법이나 파생어, 합성어를 배우고, 시에서도 이 시에 나와 있는 감정은 누구의 감정 변화인가 같은 것들을 배우죠?"라는 말이 나오게 됩니다.

수학을 왜 배우냐는 질문에는 "수학은 인류의 사회 문화 역사적 산물이라서 배운다."라고 답하겠습니다. 수학은 인류가 존속해 오는 과정에서 도움이 되었고 앞으로도 그럴 것이기 때문에 배우는 것이라고요. 아이가 만약 "수학을 누가 만들었어요?" 하고 물으면, "수천 년에 걸쳐 인류가 만들었지."라고 말해 주세요.

Q40。 초등 학부모도 입시를 알아야 하나요?

A。 알아 두시는 게 좋습니다. 부모들이 교육받았을 때의 수학 교육 방향과 지금 우리 아이들에게 가르쳐야 할 수학 교육의 방향은 다릅니다. 그런데 여전히 과거 부모 자신이 배우던 수학에서 벗어나지 못하고 요즘의 교육도 그러리라고 생각하는 분이 많습니다. 부모가 이 시대의 교육 방향을 모르면 아이가 손해 볼 수 있습니다. 현실적인 측면에서 시대의 흐름을 잘 보셨으면 좋겠습니다.

요즘은 한마디로 '창의력과 태도의 시대'라고 할 수 있습니다. 창의력과 수학에 대한 긍정적인 태도를 굉장히 중요하게 여기기 때문입니다. '태도'라고 하면 책상에 바르게 앉아 있는 자세를 떠올리겠지만, 수학에서의 긍정적 태도는 수학에 대한 지적 호기심이나 긍정적으로 그 가치를 인식하는 것을 말합니다. 앞으로는 태도를 '평가'하게 될 것입니다. 우리나라 학생들이 지금은 수학을 싫어하면서도 잘하고는 있지만, 앞으로도 계속 그러리라는 보장이 없다는 위기의식 때문입니다. 점점 태도 등 정의적 평가가 늘어나는 것도 모르고 가정에서 부모가 '수학은 그저 문제만 잘 풀면 된다.'는 식으로 인지적 측면만 강조해서 지도한다면 시대의 흐름을 거스르는 것입니다.

평가에 관심이 있다면 입시 관련 소식에 꾸준히 관심을 가지시기 바랍니다. 수행 평가로 서술형 수학 문제를 내는 학교가 많고, 토론식 협동 학습에서 동료 평가를 하고 있으며, 고교학점제가 입시에 반영이 되느냐 마느냐를 논하는 시대입니다. 과거의 학습법에만 의존해서 내 아이에게 수학을 지도하는 것은 방향을 모른 채 내달리는 것과 같습니다.

입시를 포함해서 우리의 수학 교육이 어디를 향해 가는지를 부모가 관심을 갖고 알고 있다면, 무엇보다 내 아이에게 매우 큰 도움이 될 것입니다.

참고 문헌

- 강미선, 〈초등학교 학부모와 학생의 수학 학습 가치 인식과 수학 학습 관여 행위 분석〉, 이화여자대학교 대학원 박사학위 논문, 2015.
- 강미선·이종희, 〈초등학생과 학부모의 수학 학습 가치 검사 도구 개발과 분석〉, 학교수학, 18(3), 2016.
- 강이철, 〈시험 치기 학습 전략의 이론적 근거와 활용 실태〉, 사고개발, 2017.
- 김용직, 〈언어 능력과 공간 시각화 능력이 수학 문제 해결에 미치는 영향〉, 경인교육대학교 교육대학원 석사학위 논문, 2003.
- 김지원·송상헌, 〈수학 영재아의 수학적 사고 특성에 관한 사례 연구〉, 수학교육학연구, 2004.
- 김판수·강승희, 〈초등학교 수학 및 과학 영재와 일반 아동의 학습 양식과 성격 유형의 차이 연구〉, 학교수학, 5(2), 2003.
- 김희정·조영아, 〈중고등학생 어머니의 자녀 학습 관여 과정〉, 학습자중심교과교육학회지, 2018.
- 남계림, 〈초등학교 3학년 학생의 학습 양식에 따른 수학적 의사소통 능력 분석〉, 서울교육대학교 대학원 석사학위 논문, 2019.
- 박영신·김의철, 〈귀인 양식의 변화와 개념 구조에 대한 분석〉, 교육심리연구, 13(3), 1999.
- 박지현·이종희, 〈수학적 사고 요소를 이용한 수학 교수 양식 분석 틀 개발 및 적용 방안 연구〉, 학교수학, 15(2), 2013.
- 백희수, 〈수학 학습 양식 구성 요인 탐색과 수학 학습자 유형 분류 연구〉, 이화여자대학교 대학원 박사학위 논문, 2009.
- 서미옥, 〈협동 학습과 경쟁 학습 선호에 영향을 미치는 변인들의 관계 : 한국 교육 종단 연구를 중심으로〉, 아시아교육연구, 2011.

- 소연희, 〈또래 교수 활동이 수학 과제 흥미를 증진시키는가? : 집단 구성 방법, 친구 지지 정도, 경쟁 유무의 효과〉, 직업교육연구, 2010.
- 송상헌, 〈수학 영재성 측정과 판별에 관한 연구〉, 서울대학교 대학원 박사학위 논문, 1998.
- 송수지, 〈미성취 영재의 특성 및 개입 전략 효과〉, 연세대학교 대학원 박사학위 논문, 2004.
- 신을진·송상헌, 〈초등 영재의 성격 유형과 학습 동기 자아효능감 학습 전략 사이의 관계 연구〉, 아시아교육연구, 2006.
- 안다휘·이희승, 〈대학생의 학습 전략 효과성 인지, 선호 및 활용〉, 교육심리연구, 2018.
- 양은경·황우형, 〈시리즈 A : 수학 학습 유형과 문제 해결 전략〉, A-수학교육, 2005.
- 이상덕·김화수, 〈스키마와 스키마 사이의 간격이 초등학교 3학년 영재아의 수학의 관계적 이해에 미치는 영향〉, E-수학교육 논문집, 2003.
- 이상희, 〈수학 학습 양식 구성 요소와 검사 도구 개발을 위한 기초 연구〉, 이화여자대학교 대학원 석사학위 논문, 2005.
- 이종희·김부미, 〈수학 학습 동기와 귀인의 측정 도구 개발 및 분석〉, 수학교육학연구, 20(3), 2010.
- 조부경·장선화, 〈유아의 장독립성-장의존성 인지 양식에 따른 사회, 인지적 놀이 형태에 관한 연구〉, 아동학회지, 1995.
- 최지연·황동국 외, 〈지속가능발전교육 수업 모형의 개발〉, 학습자중심교과교육연구, 2017.
- 태명화, 〈초등학교 아동의 학습 양식과 자아 개념과의 관계 연구〉, 이화여자대학교 대학원 석사학위 논문, 1999.
- 한수현, 〈장독립-장의존 인지 양식이 수학 문장제 문제 해결에 나타내는 반응 분석〉, 한국교원대학교 대학원 석사학위 논문, 2015.
- 황희숙·임소혜 외, 〈영역별 영재와 일반 아동의 사고 양식과 학습 양식과의 관계〉, 열린교육연구, 2006.
- Cai, J. (2003). Investing Parental Roles in Student's Learning of Mathematics from a Cross-National Perspective. *Mathematics Education Research Journal*, 15(2), 87-106.
- National Council of Teachers of Mathematics (2000). *Principle and standards for school mathematics. Reston.* VA : The Author.

강쌤의 수학 상담소

지은이 | 강미선

1판 1쇄 발행일 2020년 1월 20일

발행인 | 김학원
편집주간 | 정미영
기획·편집 | 이다정 이주은
디자인 | 김태형 유주현 구현석 박인규 한예슬
마케팅 | 김창규 김한밀 윤민영 김규빈 김수아 송희진
제작 | 이정수
저자·독자서비스 | 조다영 윤경희 이현주 이령은(humanist@humanistbooks.com)
용지 | 화인페이퍼
인쇄 | 삼조인쇄
제본 | 정민문화사

발행처 | 휴먼어린이
출판등록 | 제313-2006-000161호(2006년 7월 31일)
주소 | (03991) 서울시 마포구 동교로23길 76(연남동)
전화 | 02-335-4422 팩스 | 02-334-3427
홈페이지 | www.humanistbooks.com

ⓒ 강미선, 2020
ISBN 978-89-6591-380-1 03370

만든 사람들

기획 | 정미영(jmy2001@humanistbooks.com)
편집 | 정은미
디자인 | 유주현
조판 | 홍영사